$5.95

Civilización
y cultura

INTERMEDIATE SPANISH

Civilización y cultura

John G. Copeland / University of Colorado
Ralph Kite / University of Colorado
Lynn Sandstedt / University of Northern Colorado

HOLT, RINEHART AND WINSTON
New York • Toronto • London

Library of Congress Catalog Card Number: 77-731

ISBN: 0-03-014666-6

ILLUSTRATION CREDITS

Page 2, José Ortiz Echagüe; *12*, Foto MAS, Barcelona; *22*, José Ortiz Echagüe; *24 top*, Dan Budnik; *24 bottom left*, William Harris; *24 bottom right*, Peter Buckley; *34*, William Harris; *36 top and bottom*, Iris Kleinman; *48*, Helena Kolda; *60*, Marilu Pease, Monkmeyer Press Photo Service; *74 top*, United Nations; *74 bottom*, William Harris; *86*, Wide World Photos; *100 top*, Iris Kleinman; *100 bottom*, M. Guthrie, United Nations; *116 top*, Organization of American States; *116 bottom*, William Harris; *134*, Iris Kleinman; *153*, Beth Bagby, B.B.M. Associates; *154*, American Airlines.

Printed in the United States of America
789012   090   987654321

Índice

Índice

Preface

One of the problems that has traditionally concerned teachers of Spanish has been the selection of materials at the intermediate level. The authors have long believed that it would be desirable to have a "package" of materials, unified in content but varied in the possibilities for use in the classroom, which would be flexible enough that the instructor could easily adapt them to his or her own teaching style and particular interests.

With this in mind, we have devised three basic texts. *Conversación y repaso* reviews and expands the essential points of grammar covered in the first year and also includes dialogs, abundant exercises, and a variety of activities intended to stimulate conversation. *Civilización y cultura* presents a variety of topics related to Hispanic culture. The approach in this reader is thematic rather than purely historical, and the topics have been chosen both for the insights which they offer into Hispanic culture and for their interest to students. The exercises are designed to reinforce the development of the reading skill, to build vocabulary, and to stimulate class discussion. *Literatura y arte* introduces the student to literary works of various kinds by both Spanish and Spanish-American writers and to the rich and diverse contributions of Hispanic artists to the fine arts. The accompanying exercises also stress the development of reading skills and include vocabulary-building and conversational activities.

One of the unique features of the program is the thematic unity of the three texts. Each unit of each text has the same theme as the corresponding unit of the other two. For example, Unit 1 of the grammar text deals with the subject of religion in its dialogs and conversational activities. The same theme is treated in the essay "La religión en el mundo hispánico," the first unit of the civilization and culture reader, and is further explored in Unit 1 of the literature and art reader in the short story "Una carta a Dios" and in the essay on the art of El Greco. We believe that thematic unity of this kind offers several advantages to the teacher and student: (1) the teacher may combine the basic grammar and conversation text with either or both of the readers and be assured that essentially the same cultural and linguistic information will be presented to the students; (2) the amount of material to be covered may be adjusted through the choice of one text or more, making it possible to balance the quantity of material and the amount of classroom contact available; (3) if one reader is used in the classroom, the other may be used for outside work by those students who wish additional contact with the language; (4) for individualized programs, only those units may be assigned which are relevant to the student's particular interests. If all three texts are used, the students will absorb a considerable amount of vocabulary related to the theme, and by the end of their study of the topic they will have overcome, at least in part, their reluctance to express their own ideas in Spanish. The authors have tested this "saturation" method in the classroom and have found it to be quite effective. We suggest that if all of the materials are used, the grammar and initial dialog should be studied first, followed by the culture text, then the literature text and, finally, the conversation stimulus section of the grammar and conversation text.

Since the typical second-year student of Spanish is not a major, we have tried to include materials that will be of interest to students of different disciplines. While the materials are essentially literary or journalistic in style, the information contained in them relates not only to the fine arts and literature but also to the physical and social sciences. Throughout, our goal has been to present materials whose interest will motivate students to want to know more about the language and culture they are studying.

Introduction

Intermediate Spanish: Civilización y cultura is a thematic approach to Hispanic culture consisting of essays written for the third or fourth semester college course. It is designed to be used with the authors' *Intermediate Spanish: Conversación y repaso* and is linked thematically with that text. It is complete in itself, however, and may be used with other intermediate materials. The essays present twelve topics, both historical and contemporary, which serve to introduce the student to various aspects of Hispanic tradition, customs, and values. Most of the points apply equally to Spain and to Spanish America, although some treat one or the other exclusively. A strong emphasis is placed on culture contrast in order for the student to more readily relate the material to his or her own experience.

Each unit consists of a reading selection with marginal glosses and supplementary footnotes, questions on the text, culture contrast points for oral or written practice, vocabulary building exercises, and guided composition exercises. All of the exercise material is designed to require the student to re-read and analyze the essay more closely, on the assumption that structure and vocabulary are best learned at this level through repeated contact.

There is some progression in difficulty and length between the first and last units. Marginal glosses, an abundant use of cognates, and footnotes in English have been used in order to maintain a mature and interesting level of content while avoiding the discouragement often experienced by students at this level when confronted with material written for native speakers of the language.

Since a variety of academic disciplines are touched upon, it should be possible to devise outside reading assignments, when desired, relating to the special academic interests of the individual student.

It is clear that any such treatment of Hispanic culture must leave many things unsaid and may at times lead to broad generalizations. It is hoped that these features will serve to stimulate class discussion and to encourage individual investigation on the part of the students using the materials. The variety of topics presented should allow the instructor to add personal material in those areas where he or she possesses special knowledge or experience.

Introduction

Civilización
y cultura

En la Catedral de Santiago de Compostela, España

UNIDAD 1

La religión en el mundo hispánico

Después de las guerras púnicas[1] en el tercer siglo A.C.,[2] la península ibérica[3] pasó a manos de los romanos. Hispania[4] era la más romanizada de las colonias del Imperio. Además del sistema legal y la cultura romanos, y de la lengua latina, adoptó la religión cristiana en la forma de la Iglesia católica. Desde esa época, el catolicismo ha sido la religión oficial o al menos dominante en todo el mundo hispánico.

Las invasiones posteriores de la península por los visigodos[5] del norte de Europa en el siglo V y por los moros[6] de Africa en el siglo VIII no

Imperio Empire

al menos at least

posteriores later

---

[1]las guerras púnicas *the Punic Wars. Three wars (264–241, 218–201, 149–146 B.C.), in which the Romans defeated the Carthaginians and made important progress in the creation of the Roman Empire.*

[2]A.C. (antes de Cristo) *before Christ, that is, B.C.*

[3]la península ibérica *the Iberian peninsula. The entire land area south of the Pyrenees to the Strait of Gibraltar.*

[4]Hispania *the Roman name for the Iberian Peninsula.*

[5]los visigodos *Visigoths. One of the Teutonic tribes which overran the Roman Empire in the fourth century.*

[6]los moros *Moors. A north African Arab-Islamic civilization which reached its peak around 1000.*

hicieron más que pequeñas modificaciones en el
sistema religioso de la península. Los visigodos
terminaron por adoptar el catolicismo. Los
moros, que eran relativamente tolerantes de
5 otras religiones, permitieron la coexistencia del
catolicismo con el islamismo.

En realidad, la lucha que emprenden los españoles para expulsar a los moros toma el carácter de una cruzada cristiana, y tiende a reforzar
10 la importancia de la Iglesia en la sociedad española. Esta lucha, que se llama la Reconquista,
dura casi ocho siglos y resulta en 1492 en el establecimiento de la nación española. En ese
mismo año, el descubrimiento de América va a
15 ofrecer a los españoles la oportunidad de cristianizar una nueva región del mundo.

Durante este período de lucha, España se
convierte en el país católico más importante.
Cuando la fe católica es atacada por la Reforma
20 protestante[7] en Europa, España va a tener
que defenderla. La Contrarreforma[8] se proclama en el siglo XVI y hace de España el
enemigo de casi todo el resto de Europa. Se
puede decir que esta última lucha religiosa es
25 una de las causas mayores de la decadencia del
poder español en el mundo.

I.   Religión y sociedad

Se puede ver que la Iglesia católica ha tenido
gran importancia en la política de España. Lo
30 mismo ocurre en el resto del mundo hispánico.
Desde la época romana existe el concepto de la
unidad de la Iglesia y el estado y aunque en los
gobiernos modernos esta alianza no es oficial, en
los más conservadores siempre existe una gran
35 influencia. La Iglesia tiende a influenciar al
pueblo a favor del gobierno. Éste, a cambio, le

terminaron por   *ended by*

islamismo   *Moslem religion*

lucha   *struggle*
emprenden   *undertake*
expulsar   *to expel*
tiende a   *tends to*
reforzar   *to reinforce*

dura   *lasts*

descubrimiento   *discovery*
cristianizar   *to convert to Christianity*

se convierte en   *becomes*

fe   *(f) faith*
atacada   *attacked*

poder   *(m) power*

unidad   *(f) unity*

pueblo   *people*
éste   *the latter*
a cambio   *in exchange*

---

[7]la Reforma protestante   *Protestant Reformation. Begun in 1517 by Martin Luther in reaction to Catholicism.*

[8]la Contrarreforma   *Counter-Reformation. The movement started by the Roman Catholic Church to reassert its spiritual hegemony in Europe.*

da ciertas preferencias a la Iglesia que la ayudan
en su deseo de mantener su posición espiritual
exclusiva.

Uno de los aspectos más debatidos del papel
5 de la Iglesia es la cuestión de su poder económico. Esto es especialmente importante en Hispanoamérica, donde el desarrollo económico es
una cuestión política dominante. Los misioneros
fueron los primeros en llegar a conocer algunas
10 regiones apartadas. Por eso, como la Iglesia tuvo
mucha permanencia como institución, llegó a
ser dueña de un porcentaje notable de la tierra
en Hispanoamérica. En los lugares en que hay
muchas personas que no tienen tierra esta situa-
15 ción puede resultar en crítica severa a la Iglesia.
La respuesta de ésta es que a causa de su poder
puede utilizar la tierra de una manera más eficaz.

La Iglesia también tiene otros tipos de poder
en las sociedades hispánicas. Está presente en
20 cada pueblo o centro de población y su organización es dirigida desde la capital, así que a veces
resulta más eficaz que el gobierno nacional.
También tiene gran influencia porque participa
en los momentos más importantes de la vida del
25 pueblo, es decir, el bautismo, el matrimonio y la
muerte.

En muchos lugares la única escuela es la de la
parroquia, y la Iglesia administra un sistema de
universidades en muchas ciudades del mundo
30 hispánico. Además, sirve como la mayor agencia
de caridad, y el cura ocupa el lugar de consejero
personal de los ciudadanos. Por último, en los
pueblos más apartados, la iglesia, por ser el
edificio más grande, sirve como centro de fiestas
35 y reuniones sociales.

Esta tremenda presencia en casi todos los aspectos de la vida ha sido motivo de crítica por
parte de ciertos partidos políticos, y ha habido
varias tentativas de sustituir el poder de la Igle-
40 sia por el de un gobierno democrático. Esta
oposición a la Iglesia, o anticlericalismo, es una
corriente política especial en los países his-

preferencias *advantages*
mantener *to maintain*

debatidos *debated*
papel *(m) role*
cuestión *(f) matter*

desarrollo *development*

apartadas *distant*

eficaz *efficient*

dirigida *directed*
a veces *at times*

bautismo *baptism*
matrimonio *marriage*

parroquia *parish*

caridad *(f) charity*
cura *priest*
consejero *advisor*
ciudadanos *citizens*

reuniones sociales *(f)*
social gatherings

tentativas *attempts*

pánicos durante toda la época moderna. Para el extranjero es muy necesario saber que la oposición consiste en una crítica de la Iglesia como institución político-social y casi nunca implica un
5 ataque a la fe católica. La gran mayoría de los políticos y de los ensayistas que critican a la Iglesia siguen siendo católicos. Pero ven el poder político y económico de la Iglesia y especialmente el abuso de ese poder por algunos miem-
10 bros del clero como algo inapropiado en la sociedad moderna. Los defensores de la Iglesia responden que, en la historia, los gobiernos seculares muestran peores abusos.

implica *implies*
mayoría *majority*
ensayistas *(m) essayists*
siguen siendo *continue to be*
miembros *members*
clero *clergy*
inapropiado *inappropiate*
defensores *(m) defenders*
seculares *secular*

II.   La religión y la vida personal

15 Lo anterior indica la presencia notable de la religión en la vida hispánica. Esta larga tradición religiosa resulta en una actitud especial hacia el papel de la religión en la vida. El punto esencial es que en el mundo hispánico la religión y la
20 vida no se separan, sino que son dos aspectos de una misma cosa. Hay pocas actividades en que no se note la presencia de la religión.

anterior *previous*

actitud *(f) attitude*

La gran mayoría de las fiestas que se observan son fiestas religiosas. La Navidad y la Semana
25 Santa[9] son sólo las más conocidas, pero además cada pueblo tiene su santo patrón y el día dedicado a ese santo se celebra cada año. En el mundo hispánico es costumbre celebrar el día del santo de una persona en vez de su cumple-
30 años. En algunos países, una de las fiestas más grandes es el carnaval, que marca el comienzo de la cuaresma. Como se puede ver, la mayoría de las fiestas tienen significado religioso. Esto no quiere decir que se celebren de
35 una manera religiosa; por lo general las actividades se parecen a las de cualquier fiesta secular. El bautismo, la primera comunión, y aún el velorio, aunque son actos o ceremonias

santo patrón *(m) patron saint*
se celebra *is celebrated*

cumpleaños *(m) birthday*

marca *marks*
cuaresma *Lent*

aún *even*
velorio *wake*

[9]la Navidad y la Semana Santa   *Christmas and Holy Week (the week before Easter Sunday)*

religiosos, ofrecen una ocasión de reunión social. Claro que algunos días solemnes son observados de una manera más religiosa. En la Semana Santa, especialmente en España, hay
5 procesiones y actos solemnes durante toda la semana. El Día de los Muertos[10] (2 de noviembre) se observa con actividades religiosas también. En España es tradicional ir a ver *Don Juan Tenorio*,[11] obra dramática en la que hay escenas
10 de ultratumba.

    El misterio tiene bastante importancia en las prácticas religiosas del mundo hispánico. La fe de la gente es muy profunda, y a veces resulta en una extrema religiosidad, enfocada en los as-
15 pectos maravillosos y misteriosos de la religión. El hombre hispánico se siente atraído por la religión dramática y ceremonial. Las iglesias tradicionales muestran esta preferencia con un decorado simbólico lleno de imágenes que re-
20 fuerzan la espiritualidad de la gente.

    El pueblo también usa la religión para explicar lo sobrenatural. La superstición popular no es una cosa anti-religiosa. Al contrario, tiende a fundirse con los conceptos ortodoxos para for-
25 mar un punto de vista algo especial. Por ejemplo, la doctrina católica dice que el purgatorio contiene las almas en pena. El pueblo cree que estas almas visitan la tierra, se hacen visibles y algunas veces pueden perseguir a los vivos que
30 les hicieron daño en la vida. Cuando algo bueno pasa se cree que es obra de algún santo.

    Hay otras cosas que muestran la presencia constante de la religión. La gran mayoría de las palabras y frases exclamatorias son de origen re-
35 ligioso, aún las menos fuertes. «Por Dios» o «Dios mío» son usados por cualquier persona en cualquier situación, mientras que los equivalentes en inglés son reservados para ocasiones de más importancia. Además, es costumbre en

ultratumba   beyond the grave

religiosidad   (f) religiosity
enfocada   focused

atraído   attracted

decorado   setting
imágenes   (f) statues
espiritualidad   (f) spirituality

sobrenatural   supernatural

fundirse   to fuse

almas en pena   wandering souls
se hacen visibles   become visible
perseguir   to haunt
daño   harm
obra   work

mientras que   while

---

[10]el Día de los Muertos   *All Souls' Day. A Catholic religious day marked by prayers and services for the souls in purgatory.*

[11]*Don Juan Tenorio   a play by the famous Spanish playwright, José Zorrilla (1817–1893).*

el mundo hispánico dar nombres de personajes
sagrados a los hijos. El nombre femenino más
popular es María, pero cuando una mujer se
llama María, por lo general lleva también otro
5 nombre que se refiere a uno de los atributos de
la Virgen, como María del Rosario o María de
la Concepción. Hay también muchos hombres
que se llaman Jesús.

personajes sagrados *(m)*
sacred persons

se refiere *refers*

III. La religión en Hispanoamérica

10 Los españoles trajeron al Nuevo Mundo tradiciones ya establecidas. La cristianización de los
indios trajo ciertas modificaciones, si no en la
doctrina, al menos en la manifestación de estas
tradiciones.

ya establecidas *already*
established

15 Las grandes civilizaciones indígenas ya tenían
sus antiguas religiones, que se distinguían del
catolicismo en que tenían muchos dioses. Cada
uno tenía su función especial: el dios de la lluvia,
el dios de la fertilidad, etc. Los santos católicos
20 tenían a veces funciones parecidas, y los indios
les dieron mucha importancia a estas funciones.
Por eso, hasta hoy día, los santos ocupan un
lugar más importante entre la gente del pueblo
en Hispanoamérica que en España.

indígenas *native*
antiguas *ancient*

lluvia *rain*

parecidas *similar*

25 Otra costumbre que puede venir de los indios
es la de ofrecer algo—comida, por ejemplo—a
la imagen del santo cuando se hace una petición.

petición *(f) request*

Las religiones indígenas también revelaban
cierto fatalismo vital, porque sus dioses eran más
30 voluntariosos que el Dios cristiano. El concepto
de que la vida en la tierra es una prueba por la
cual el hombre gana la salvación no existía en
estas religiones. Se ganaba el paraíso de dos
maneras: por la forma en que uno moría, o por la
35 ocupación que tenía en el mundo. Este fatalismo
parece haber sobrevivido en el catolicismo de
América.

vital *toward life*
voluntariosos *willful*
prueba *test*

paraíso *paradise*

sobrevivido *survived*

Como los españoles, los indios vivían bajo un
sistema en que el jefe del estado también era

jefe *(m) chief*

jefe religioso. Esta unión de las dos instituciones
sugiere que para ellos también la religión formaba parte integral de la vida. Más adelante, los
curas llegaron en muchos casos a ocupar una
5 posición política, puesto que, en lugares apartados, la comunicación con el gobierno era infrecuente. Mientras que en España el poder
político de la Iglesia se concentra en los más
altos niveles eclesiásticos, en Hispanoamérica
10 existe el caso contrario. El cura de parroquia,
por su proximidad al poder local, muchas veces
tiene más influencia política.

    Es obvio que la religión ocupa un lugar cen-
tral en la civilización hispánica y en la vida del
15 hombre hispánico. Este hecho es básico para
conocer esa cultura en cualquiera de sus manifestaciones: el arte, la política, la filosofía o la
sicología.

sugiere *suggests*

llegaron . . . a *came to*
puesto que *since*

niveles *(m) levels*

proximidad *(f) nearness*

sicología *psychology*

EJERCICIOS

I. Preguntas sobre el texto

1. ¿Cuándo llega la religión católica a España?
2. ¿Qué otros aspectos culturales vienen de los romanos?
3. ¿Qué hace España frente a la Reforma protestante?
4. ¿Cuál es uno de los poderes más debatidos de la Iglesia?
5. ¿En qué aspectos importantes de la vida participa la Iglesia?
6. ¿Usted fue bautizado o casado en una iglesia?
7. ¿Qué es el anticlericalismo?
8. ¿Cuál es el papel especial de la religión en el mundo hispánico?
9. ¿Qué ceremonias religiosas sirven como ocasión social?
10. ¿Usted celebra su cumpleaños o el día de su santo?
11. ¿Qué aspectos de la religión atraen más al español?
12. ¿A usted le gusta el misterio en la religión?
13. ¿Qué origen tienen los fantasmas según el pueblo español?
14. ¿Cuál es el nombre femenino más común en el mundo hispánico?
15. ¿Su nombre tiene origen religioso?
16. ¿Qué influencia modifica la religión católica en Hispanoamérica?

II. Puntos de contraste cultural

1. ¿Qué diferencias hay entre el papel de la religión en el mundo hispánico y en los Estados Unidos?
2. ¿Por qué no tiene la Iglesia tanto poder en los Estados Unidos como en el mundo hispánico?
3. ¿Qué prefiere usted, la religión misteriosa y dramática o la religión más racional y clara? ¿Por qué?
4. ¿Prefiere usted las iglesias modernas y sencillas o las antiguas muy elaboradas? ¿Por qué?

III. Ejercicios de vocabulario

A. Buscar 25 palabras en el texto que sean casi iguales en forma y significado a sus equivalentes en inglés.

B. Utilizando los ejemplos presentados en las palabras entre paréntesis, dar las palabras españolas que equivalen a éstas.

1. (romano) human _____
2. (historia) memory _____
3. (católico) romantic _____
4. (existencia) independence _____
5. (realidad) humanity _____
6. (institución) identification _____

C. Completar los grupos siguientes.

1. establecer   **establecimiento**
   ofrecer   _____
   _____   **conocimiento**

2. importancia   **importante**
   decadencia   _____
   _____   **presente**

3. pena   **penoso**
   fama   _____
   _____   **maravilloso**

4. organizar   **organización**
   participar   _____
   _____   **modificaciones**

5. desarrollo   **desarrollar**

   apoyo   _____

   _____   **desear**

IV. Ejercicios de composición dirigida

A. Completar las frases según el texto, utilizando las palabras entre paréntesis y otras necesarias.

1. El anticlericalismo es . . .
    (política, corriente, durante, moderna, época, toda)
2. La gran mayoría de las fiestas . . .
    (observan, se, que, religiosas, fiestas, son)
3. Es costumbre en el mundo hispánico . . .
    (nombres, sagrados, personajes, hijos, dar)
4. Las religiones de los indios . . .
    (catolicismo, distinguían, se, en que, muchos, tenían, dioses)
5. La religión ocupa un . . .
    (civilización, central, lugar, hispánica)

B. Completar las frases siguientes con información de la lectura.

1. Además de la lengua, los romanos dieron a España . . .
2. El poder económico de la Iglesia es importante en Hispanoamérica porque . . .
3. En vez del cumpleaños es costumbre celebrar . . .
4. Las iglesias muestran el gusto del hombre hispánico por . . .
5. Entre los indios los dioses fueron sustituidos por . . .

Acueducto romano, Segovia

UNIDAD 2

La formación de la cultura hispánica: los contactos en Europa

La cultura hispánica es producto de muchos siglos de contacto entre varias culturas. La península ibérica, entre el mar Mediterráneo y el océano Atlántico, ha recibido varias influencias de otros pueblos, y entre ellas muchas se han transmitido al Nuevo Mundo.

mar *(m or f) sea*

I. Los romanos

Los primeros habitantes de la península, en tiempos históricos, son las tribus celtíberas, de origen no muy bien conocido. En el tercer siglo A.C. llegan los romanos y convierten la península en una colonia romana. Establecen la lengua latina, su sistema de gobierno y su organización social y económica en la región. Más tarde importan la religión católica. Se ha dicho que la península llega a ser la colonia más romanizada de todas.

La lengua que adopta el pueblo español es la que se llama «el latín vulgar», o sea la lengua que hablaba el pueblo y no la lengua clásica. El español que hablan hoy más de 200 millones de

celtíberas *Celt-Iberian*

convierten *convert*

llega a ser *comes to be*

o sea *that is*

personas desciende de esa lengua. Claro que los contactos posteriores con otras lenguas han contribuido a enriquecer el vocabulario, pero la estructura no ha cambiado mucho. Las lenguas
5 «neo-latinas»[1] como el portugués, el francés, el italiano, el rumano y el español se parecen tanto porque todas tienen como base la lengua latina.

Los conceptos de gobierno también tienen sus raíces en la época romana. La idea de formular
10 leyes ideales que se puedan aplicar a todos los casos y la tendencia a refinarlas en los casos especiales sigue como base de la ley hispánica. El sistema anglo-sajón de escribir leyes más generales, dejando al juez la interpretación, pre-
15 senta una distinción tradicional entre las dos culturas.

Los romanos consideraban a los pueblos conquistados como ciudadanos del imperio y este concepto determina el sistema usado por los es-
20 pañoles en el Nuevo Mundo. La empresa colonial fue una actividad dirigida por el rey, y las tierras descubiertas eran de él. La idea inglesa de permitir a los intereses privados los derechos de propiedad resultó en un lazo básicamente
25 económico entre los colonos y las empresas privadas en la madre patria. Los productos de las colonias españolas se consideraban iguales a los productos de la península. El comercio moderno no entró en este sistema hasta el siglo
30 XVIII.

La cultura romana también influyó en las costumbres y los hábitos diarios del pueblo español. La conocida costumbre de la siesta toma su nombre de la palabra latina sexta, o sea la sexta
35 hora del día. Esto refleja el dicho romano: «Las seis primeras horas del día son para trabajar; las otras son para vivir.» Claro que esto se debe a las necesidades físicas de la gente en un clima

desciende *comes from*
claro que *of course*

enriquecer *to enrich*
estructura *structure*

raíces *(f) roots*
formular *to formulate*

juez *(m) judge*

ciudadanos *citizens*

empresa *enterprise*
dirigida *directed*

propiedad *(f) property*
lazo *tie*
colonos *colonists*
madre patria *mother country*

diarios *daily*

sexta *sixth*
dicho *saying*

se debe a *is due to*

---

[1]las lenguas neo-latinas *the Romance languages. French, Provençal (southern France), Italian, Spanish, Portuguese, Rumanian, Galician (northwest Spain), Catalán (northeast Spain), Sardinian, and Romansh (eastern Switzerland) are some of the known Romance languages and dialects.*

cálido. En estas regiones es preferible trabajar durante las horas más frescas y no por la tarde cuando el calor lo hace más difícil. Hasta hoy, en muchas partes del mundo hispánico es cos-
5 tumbre dormir la siesta después del almuerzo. En algunas ciudades más tradicionales todas las tiendas y oficinas se cierran hasta las cuatro de la tarde. Vuelven a abrirse desde las cuatro hasta las ocho o nueve de la tarde.[2]

10 Otra tradición famosísima en el mundo his-pánico es la corrida de toros,[3] que combina elementos de deporte, arte y diversión en un espectáculo lleno de emoción. Los romanos la popularizaron en el circo, donde se ofrecían toda
15 clase de juegos para la diversión popular. Hasta Julio César[4] aprendió a torear en la península y autorizó las primeras corridas.

El concepto de la ciudad como centro de la cultura y del gobierno también es una de las
20 contribuciones importantes de los romanos. Esta tendencia hacia la urbanización ha sido muy notable en Hispanoamérica desde la época colonial. Los centros de México, Lima y Buenos Aires sirvieron como sedes del gobierno español
25 y todavía se distinguen del resto del país por su influencia y poder. En el primer siglo después de la independencia la política de estos países fue dominada por la lucha entre la ciudad y las provincias.[5]

30 Los romanos, pues, influyeron mucho en la formación básica de la sociedad española. Sin embargo, sería un error considerar la cultura es-pañola como una extensión de la romana. Ha re-cibido también influencias posteriores que la

cálido *warm*

diversión *(f)*
  entertainment

circo *circus*
se ofrecían *were provided*
hasta *even*
torear *to fight bulls*

sedes *(f) seats*

sin embargo *however*

posteriores *later*

---

[2]ocho o nueve de la tarde *eight or nine* P.M. *Tarde (afternoon) is used until about nine* P.M., *when it becomes* noche *(night). A date to meet* por la tarde *usually means between five and nine* P.M.

[3]la corrida de toros *bullfight. Corrida comes from the fact that the bulls were "run" to the ring before the fight or* lidia.

[4]Julio César *Julius Caesar. Roman leader of the first century* B.C., *immortalized in the famous play of the same name by Shakespeare.*

[5]las provincias *provinces. In most of the Hispanic world the subdivisions of countries are called provinces; many also use* departamentos, distritos, *or* estados *(states). Mexico, for example, is officially named* Los Estados Unidos Mexicanos.

distinguen de las otras regiones del imperio romano.

II. Los visigodos

En el siglo V de la época cristiana las tribus ger
5 mánicas del norte de Europa invadieron todo el
Imperio romano que se hallaba sin apoyo del   se hallaba *found itself*
pueblo para resistir. Estas tribus eran primitivas   apoyo *support*
y abiertas a la cultura romana. Se convirtieron
al catolicismo, adoptaron la lengua latina y se es
10 tablecieron en los mismos centros que habían
usado los romanos. En vez de contribuir con
elementos nuevos a la cultura española, más   más bien *rather*
bien reforzaron y desarrollaron los elementos
existentes. Su mayor contribución original fue el
15 feudalismo, sistema económico que impusieron   impusieron *imposed*
en toda Europa. Este sistema—producto de una
sociedad guerrera—daba el control de la tierra a   guerrera *warrior*
un señor. Éste recibía parte de los productos de   señor *(m) lord*
la gente que habitaba su tierra y la protegía de   protegía *protected*
20 otros señores. El monarca de todos los señores
reinaba sólo con el permiso de éstos. Es éste el   reinaba *ruled*
sistema que determinó la organización feudal de
las colonias del Nuevo Mundo.

La posición geográfica de España siempre
25 tuvo influencia en su historia y es lo que facilitó   facilitó *made easy*
la siguiente invasión. Esta vez fueron los moros[6]
de África quienes entraron por el estrecho de   estrecho *strait*
Gibraltar para conquistar el continente.

III. Los moros

30 Los moros están en España desde 711 hasta
1492, y son tal vez la influencia más importante
para la formación de la cultura española. España

---

[6]los moros *Moors. This is the general term applied to the Arabs* (árabes) *who invaded Spain in the eighth century. Most were of the Islamic faith, followers of Mohammed* (Mahoma), *called Moslems* (musulmanes). *The Spanish Christians who submitted to Islamic rule were allowed to practice their own religion and were called* mozárabes. *Those who converted were* muladíes.

es la única nación europea que recibe tanta influencia de la brillante cultura del norte de África. La misma época se caracteriza, en el resto de Europa, por una falta de progreso y de desarrollo
5 cultural.

La historia popular de España considera que la Reconquista[7] de la península comienza en el año 711 y termina en 1492 cuando el último de los reyes africanos es expulsado de Granada.   expulsado *expelled*
10 Durante esta larga época de luchas en la frontera, las dos culturas coexisten. Esta convivencia de ocho siglos dio como resultado una cultura muy heterogénea.   convivencia *living together*

El centro del reino moro en España se esta-   reino *kingdom*
15 bleció en la ciudad de Córdoba. Esta ciudad muestra hoy un marcado sabor oriental en su arquitectura. Córdoba llegó a ser un gran centro cultural, con una biblioteca de unos 400.000 libros. Tenía también una universidad que atraía   atraía *attracted*
20 estudiantes de todo el continente. Se enseñaba medicina, astronomía, botánica, gramática, geografía y filosofía. A causa de la influencia árabe en las matemáticas, se usan hoy en toda Europa los números arábigos en lugar de los romanos.
25 En parte, los conocimientos venían de la cultura griega antigua, que los moros divulgaron   divulgaron *made known* con sus artes de traducción. Los califas[8] tenían una actitud generosa hacia el arte y la sabiduría   sabiduría *knowledge* en general. Era una obligación del jefe del es-
30 tado apoyar estas actividades. Esto era porque   apoyar *to support* los árabes pensaban que la creación de belleza exterior era una forma de adorar a Dios.   adorar *to worship*

La influencia cultural de los árabes resulta en que muchas palabras árabes forman la base de
35 los términos usados hoy en todas las lenguas occidentales. Palabras como alcachofa, alfalfa, al-   alcachofa *artichoke*

marcado *distinct*
sabor *(m) flavor*

---

[7]la Reconquista *Reconquest. The period of Spanish history from 711 to 1492 (especially between 711 and 1254), when the Spanish Christians, who had taken refuge in the northern mountains, carried on a constant war in an effort to expel the Moors. The wars were mostly between individuals, but the religious factor gave some unity to the two sides.*

[8]los califas *caliphs. Rulers who were successors of Mohammed and combined secular and religious authority over a given region called a caliphate (califato).*

godón y azúcar son de procedencia árabe, como lo son los productos a que se refieren. También vienen del árabe palabras relacionadas con las ciencias: alcohol, alcanfor, alquimia, cero, cifra y
5 jarope. Varias otras como azul, escarlata, alcoba y ajedrez representan aspectos de la vida diaria.

Además, en español existen miles de palabras de origen árabe, como por ejemplo almohada, adobe, alfombra, alcalde, aduana, barrio, y los
10 nombres de muchas plantas y flores, como azucenas y zanahorias. La mayoría de estas palabras comienza con *a* o con *al* porque éste es el artículo en árabe. Es notable la falta de verbos asimilados, menos algunos que se forman de sus-
15 tantivos, como alfombrar.

En arquitectura, los árabes dejaron varios ejemplos que todavía nos impresionan: la Alhambra, el Alcázar de Sevilla y la Mezquita de Córdoba con sus 1418 columnas, por ejemplo.
20 Su aspecto más interesante es el uso de un de- corado muy elaborado en las fachadas y los patios interiores. La palabra arabesco viene de este estilo. La religión musulmana prohibía el uso de imágenes de seres vivos en el decorado y
25 por eso hay pocos ejemplos de ello. Otra carac- terística particular de sus construcciones es el uso de azulejos en la decoración de las paredes. Sus métodos para hacer brillar la loza nunca han sido igualados.
30 Los moros tenían también una música muy desarrollada, tanto instrumental como vocal, pero desgraciadamente, se sabe poco de ella. Como pasa con toda la música medieval de Europa, sólo hay música escrita en forma an-
35 tigua. No sabemos cómo sería su sonido original. Sin embargo, sabemos que algunos instrumen- tos, como el laúd, que se incorporó a la música europea, eran árabes.

Los moros se destacaron también en la poesía
40 amorosa. Algunos creen que la poesía amorosa

---

algodón *(m) cotton*
azúcar *(f) sugar*

alcanfor *(m) camphor*
cifra *cipher*
jarope *(m) syrup*
alcoba *bedroom*
ajedrez *(m) chess*

almohada *pillow*
alfombra *carpet*
alcalde *(m) mayor*
aduana *customshouse*
azucenas *lilies*
zanahorias *carrots*

alfombrar *to carpet*

fachadas *facades*

musulmana *Moslem*
seres *(m) beings*

azulejos *ceramic tiles*
brillar *to shine*
loza *porcelain*
igualados *equaled*

desgraciadamente *unfortunately*

sonido *sound*

laúd *(m) lute*

se destacaron *excelled*
amorosa *of love*

de Europa tuvo su origen en la tradición árabe.
Tiende a ser poesía sensual y a veces erótica,
que celebra los placeres de la vida. Se puede ver   placeres *pleasures*
en ella cierto gusto por el sufrimiento en las re-   sufrimiento *suffering*
5 laciones amorosas.

La cultura mora contribuye a engrandecer la   engrandecer *to exalt*
cultura española en comparación con el resto de
Europa entre los siglos VIII y XIII. Ya a
mediados del siglo XIII la mayor parte de la   a mediados *in about the*
10 península había sido reconquistada y la influen-   *middle*
cia mora comienza a disminuir. La provincia de   disminuir *to diminish*
Granada no pasa a manos de los españoles hasta   pasa a manos *falls into the*
1492, año en que comienza otro gran choque de   *hands*
culturas.   choque *(m) collision*

15 Los españoles, con su experiencia de asimilación de las culturas romana, germánica y afri-
cana, son los más indicados para la nueva em-   indicados *appropriate*
presa y aceptan el desafío con su acostumbrada   desafío *challenge*
energía y vigor. La conquista del Nuevo Mundo   acostumbrada
20 trae cuatro siglos más de actividad intercultural   *customary*
y aporta el último elemento importante a la cul-   aporta *contributes*
tura hispánica.

EJERCICIOS

I. Preguntas

1. ¿Dónde se encuentra España?
2. ¿Quiénes son los primeros conquistadores de la península?
3. ¿Cuál era la colonia más romanizada del Imperio romano?
4. ¿Qué es el latín vulgar?
5. ¿Cuántas personas hablan español hoy?
6. ¿Cuáles son las lenguas neo-latinas?
7. ¿De dónde viene la palabra *siesta?*
8. ¿Duerme usted la siesta?
9. ¿Ha visto usted una corrida de toros?
10. ¿Cuáles son las grandes ciudades de Hispanoamérica?
11. ¿Le gusta a usted vivir en una ciudad?
12. ¿Quiénes llevan el feudalismo a España?

13. ¿De dónde vienen los moros?
14. ¿Dónde se establece el centro del reino moro en España?
15. ¿Cuántos libros tenía la biblioteca de esa ciudad?
16. ¿Cuántos libros tiene su biblioteca?
17. ¿Qué estudia usted?
18. ¿Le gusta a usted el decorado de azulejos?
19. ¿Escribe usted poesía amorosa?
20. ¿Le gusta a usted la música medieval?

II. Puntos de contraste cultural

1. ¿Cuál es la diferencia entre el propósito colonizador inglés y el español en el Nuevo Mundo?
2. ¿Por qué no existe la costumbre de la siesta en los Estados Unidos?
3. ¿Cuál es la composición racial de los españoles al llegar a América? ¿Y de los ingleses? ¿Qué importancia tiene esto para el indio americano?

III. Ejercicios de vocabulario

A. Buscar 25 palabras en el texto que sean equivalentes en forma y significado al inglés.

B. Encontrar una palabra en la segunda columna que tenga el mismo significado que el de la primera.

I.	II.
1. cargar	a. únicamente
2. sólo	b. origen
3. procedencia	c. dar
4. aportar	d. romano
5. latino	e. llevar
6. utilizar	f. usar

C. Juntar las palabras relacionadas.

EJEMPLO: saber → **sabiduría**

I.	II.
1. calor	a. lingüístico
2. emperador	b. cálido
3. pueblo	c. reino
4. antes	d. imperio
5. rey	e. poblador
6. lengua	f. anterior

D. Completar las siguientes formas.

1. convertir	**conversión**	3. filólogo	**filología**
divertir	_____	filósofo	_____
_____	**inversión**		**sicología**
2. comenzar	**comienzo**	4. trabajar	**trabajador**
_____	**encuentro**	observar	_____
gobernar	_____	_____	**poblador**

E. Señalar los verbos contenidos en los siguientes derivados.

EJEMPLO: desorganizar → **organizar**

1. convivir   4. reconstruir
2. mantener   5. desaparecer
3. desocupar

IV. Ejercicios de composición dirigida

A. Completar las frases según el texto, utilizando las palabras entre paréntesis y otras necesarias.

1. La cultura hispánica . . .
   (producto, siglos, contactos, muchos, entre, culturas, varias, es)

2. Se ha dicho que la península . . .
   (todas, romanizada, ser, colonia, llega a, más)

    3.   Sería un error . . .
         (extensión, romana, cultura, española, considerar, como)

    4.   El feudalismo es el sistema que . . .
         (Nuevo Mundo, colonias, determinó, económica, organización)

    5.   La conquista de América . . .
         (cuatro, más, siglos, actividad, ofrece, intercultural)

B. Completar las frases, refiriéndose al texto.

    1.   El pueblo español adopta el latín vulgar o sea . . .
    2.   La conocida costumbre de la siesta . . .
    3.   Los visigodos, en vez de contribuir con elementos nuevos . . .
    4.   Muchas palabras de origen árabe comienzan con *a* o *al* porque . . .
    5.   Los más indicados para colonizar el Nuevo Mundo eran los españoles por . . .

El Alcázar, Segovia

Teotihuacán, México

Joven peruano

Machu Picchu, Perú

UNIDAD 3

La formación de la cultura hispánica: los contactos en América

Los conquistadores españoles que siguieron a
Cristóbal Colón en el siglo XVI encontraron tres   Colón *Columbus*
grandes civilizaciones indígenas que ya tenían
varios siglos de existencia y desarrollo.

5   ### I.   Las culturas indígenas

La cultura del Perú, que produjo la civilización   produjo *produced*
incaica,[1] tenía cerca de 3.000 años de existencia.
Los incas sobresalieron en la tecnología, es-   sobresalieron *excelled*
pecialmente en los tejidos. Su técnica no ha sido   tejidos *textiles*
10 superada hasta hoy en este campo. Su cultura   superada *surpassed*
también se destacó en la cerámica y el uso de
metales.

En el lugar llamado Anáhuac, donde está hoy
la capital de México, la cultura azteca o *mexica*

---

[1]incaica *of the Incas. These were the Indian groups in the area of modern Peru, Bolivia, and
Ecuador. The Incas were the tribe in power when the Spaniards came.*

tenía ya unos tres siglos de dominio en el valle de México. Esta cultura se destacó por su capacidad de organización y gobierno. La agricultura era menos importante para ellos que
5 para otras culturas indígenas. Construyeron una gran ciudad, llamada Tenochtitlán, que redujo al silencio a Cortés[2] cuando la vio por primera vez. Bernal Díaz[3], uno de los soldados de Cortés, la describe así: «Y . . . vimos cosas tan admira-
10 bles no sabíamos qué decir, . . . si era verdad lo que por delante parecía, que por una parte en tierra había grandes ciudades, y en la laguna otras muchas, y veíamos todo lleno de canoas, . . . y por delante estaba la gran ciudad de
15 México.» La ciudad estaba en un lago con puentes que la conectaban con la tierra.

    El imperio de los aztecas cubría todo el centro de México y dominaba política y económicamente a varias tribus de la región. Su sociedad
20 se basaba en una religión fuerte que tenía como dios principal a Huitzilopochtli, el dios de la guerra. Desde los comienzos del imperio, la guerra tuvo gran importancia en la teología azteca. Para el siglo XVI la guerra se había
25 convertido en un principio casi abstracto—un bien teórico—como lo es el amor en la religión cristiana.

redujo reduced

parecía appeared
por una parte on one side
laguna lake

lago lake
puentes (m) bridges
cubría covered

un bien teórico a
theoretical value

II. Los mayas

De las grandes culturas indígenas, la que más ha
30 intrigado al hombre moderno es la cultura maya. Ésta ocupaba el sureste de México, Guatemala y Honduras. Fue la civilización más brillante de todas las del continente. A los mayas les faltaban los conocimientos tecnológicos de los incas y la
35 experiencia en gobernar de los aztecas. Sin em-

intrigado intrigued
sureste (m) southeast

---

[2]Cortés *Hernán Cortés (1485–1547) led the first expedition into Mexico and conquered the Aztecs in the central valley in 1521.*

[3]Bernal Díaz (del Castillo) *(1492–1584) Author of* Historia verdadera de la conquista de la Nueva España *(Mexico), which he wrote to present the common soldier's view of the conquest of Mexico.*

bargo, alcanzaron niveles intelectuales y artísticos increíbles. Tenían escritura fonética, un sistema numérico que incluía el concepto del cero, un sentido muy refinado de la estética y
5 grandes conocimientos astronómicos. Todo esto indica que tuvieron una cultura casi tan avanzada como las contemporáneas de la región mediterránea. Cuando llegaron los españoles, la civilización maya ya había decaído por razones
10 desconocidas y un poco misteriosas. No hay indicios de catástrofes naturales ni sociales. Sólo se sabe que en el siglo XV los mayas comenzaron a abandonar sus grandes centros religiosos como Chichén Itzá, cerca de Mérida, en Yucatán,
15 México. No tenemos mucha información directa sobre la cultura maya.

Los arqueólogos dividen las fechas de la cultura maya en tres períodos: de 1200 A.C. hasta 300 D.C.[4] como la época pre-clásica o formativa;
20 del año 300 al 1000, la época clásica, en que la cultura alcanza su nivel más alto; y del año 1000 hasta el siglo XVI como la época pos-clásica.[5] Los arqueólogos tendrán muchos años de trabajo sólo para investigar las zonas conocidas, sin ha-
25 blar de todas las que todavía no se han descubierto.

alcanzaron *they reached*

escritura *writing*

avanzada *advanced*

contemporáneas *contemporary*

había decaído *had decayed*

indicios *signs*

sin hablar de *not to mention*

III. Las ciencias

Durante la primera época, los mayas establecieron las bases de su cultura e hicieron muchos
30 descubrimientos importantes. Se cree que el calendario fue inventado en el siglo IV D.C. Su sistema de medir el tiempo es el aspecto más impresionante de sus logros culturales. No se sabe con seguridad por qué les interesaba tanto
35 esto. La teoría es que con sus conocimientos

medir *to measure*

logros *achievements*

[4]D.C. (después de Cristo) A.D.

[5]pos-clásica *The three periods correspond to developmental stages, with the classical period representing a relatively stable society at the height of its advancement.*

astronómicos podían pronosticar los fenómenos celestes y que estos pronósticos servían a los jefes religiosos como base de su poder. En muchas culturas la clase dirigente controla al-
5 gún factor económico. En la región maya la economía se basaba en el cultivo del maíz. Según el *Popol Vuh*[6] el maíz había servido de material para la creación del hombre. Tal vez la única manera de ejercer algún efecto sobre
10 este cultivo tan importante era con pronósticos astronómicos.

El calendario maya del período clásico era más exacto que los de Europa porque correspondía mejor al año solar. Los mayas no tenían
15 instrumentos astronómicos. Sólo utilizaban observatorios. Éstos tienen una forma casi igual a la de los modernos, aunque hechos de piedra, con aberturas permanentes que marcan varios puntos en el curso del sol, de la luna y del
20 planeta Venus.

Los mayas tenían dos años diferentes, uno ceremonial de 260 días y otro civil de 365 días. Los cumpleaños y los días de fiesta se celebraban de acuerdo con el año religioso o *tzolkin*. El
25 año civil se dividía en 18 meses de veinte días cada uno y un mes de cinco días. La combinación de estos dos años daba un ciclo de 18.980 días, o 52 años. Aunque para los mayas este ciclo no era importante, más tarde llegó a ocupar un
30 lugar central en la cultura azteca. Los mayas también habían inventado un sistema numérico para seguir contando por ciclos de 52 años con nombres distintos para todos los períodos hasta 23.040.000.000 días o unos 63 millones de años.
35 Otra vez no se sabe por qué.

El sistema maya de escribir los números es interesante por dos razones: incluye el concepto del cero y utiliza las posiciones. Era un sistema vigesimal, que usaba puntos y varas para contar

pronosticar *to predict*

dirigente *ruling*

ejercer *to exercise*

aberturas *openings*
curso *orbit*

de acuerdo con *according to*

posiciones *decimal places*
vigesimal *base 20*
varas *rods*

---

[6]*Popol Vuh   The sacred writings of the Maya, written down and translated into Spanish by missionaries in the sixteenth century.*

hasta veinte de la siguiente manera: · = 1;
· · · · = 4; ⎯⎯ = 5; ⎯⎯ = 11; ⎯⎯
= 17; etc. Para escribir los números superiores
a veinte se utilizaban las posiciones desde abajo
5 hasta arriba con una concha para indicar cero:

concha *mollusk shell*

(20 x 20) (400) · ·   · · (800)
(20 x 1) (20) 🐚   · ⎯ · ·   · ⎯ · · (160)
(1 x 1)   (1) ⎯ ·   🐚   ⎯⎯   ⎯⎯ (11)

806 + 20 + 145 = 971

10 En comparación con el sistema romano usado en
Europa en esa época, la utilidad del sistema
maya para sumar es evidente.

En la escritura, los mayas habían llegado a
tener un sistema ideográfico en que los símbolos

en vez de *instead of*
dibujos *drawings*
tratan . . . de *deal with*

15 representaban ideas en vez de ser dibujos de objetos.[7] Las inscripciones descubiertas tratan
principalmente de cronología, astronomía y
temas religiosos. No hay inscripciones dedicadas

temas *(m) topics*
seres *(m) beings*

a seres humanos y nunca aparecen los nombres
20 de individuos. Esto sugiere que la escritura era

sugiere *suggests*

cosa reservada a los sacerdotes y a los sabios.
Nuestra información sobre los jeroglíficos mayas

sacerdotes *(m) priests*
sabios *wise men*

viene solamente de las estelas encontradas en las
ruinas y de tres códices.[8] Las otras obras mayas
25 conservadas, como los *Libros de Chilam Balam* y
el *Popol Vuh*, fueron escritas por los indios con
el alfabeto español después de la conquista.

IV. Otros aspectos culturales

La religión maya era muy compleja y for-
30 malizada. Tenía todo un panteón de dioses

panteón *(m) pantheon*

[7]dibujos de objetos *Writing systems generally show three stages: (1) pictorial, where the writing consists of drawings of actions; (2) ideographic, where the symbols are conventionalized and stand for ideas, and (3) phonetic, where characters stand for sounds. Maya writing was ideographic, and some scholars think it was partially phonetic.*

[8]los códices *A codex is a manuscript, especially of official or classical texts. Estelas (steles) are upright stone slabs bearing inscriptions, placed at the entrances of buildings, on graves, etc. The Libros de Chilam Balam are fragmentary writings in the Spanish alphabet recorded by Mayan priests after the conquest.*

asociados principalmente con los días y los años
y divididos entre buenos (los que favorecían al
maíz) y malos (los que lo perjudicaban). El principal objeto de la religión era obtener salud y
5 sustento. Con este fin ofrendaban varias cosas a
sus dioses, y hasta llegaron a sacrificar seres
humanos. Esto último sólo se practicaba en la
época pos-clásica y parece ser una costumbre in-
troducida por los toltecas, una tribu más violenta
10 del centro de México que invadió la región. Ex-
traían el corazón del ser viviente, al que lanzaban dentro de un pozo ceremonial o «cenote»,
donde también lanzaban comestibles y objetos
valiosos.
15   La religión maya ocupaba un lugar central en
su cultura. Lugares como Chichén Itzá y Tikal[9]
servían sólo de centros religiosos y no de ciudades. Los mayas vivían en pequeños grupos,
probablemente familiares, y nunca llegaron a
20 urbanizarse. Los jefes controlaban al pueblo por
medio de la religión, y no de algún factor
económico o político. Esto sugiere la existencia
de una creencia profunda y fuerte entre la
gente.   La arquitectura maya muestra también
25 una preocupación estética que impresiona al observador moderno. Mientras que en las otras
culturas pre-colombinas el tamaño de las
pirámides era lo que indicaba su importancia,
los mayas ponían más énfasis en la ornamenta-
30 ción. Utilizaban dibujos geométricos en grandes
áreas para adornar las fachadas de los edificios,
dando así un sentido mucho más refinado a las
construcciones. Esta misma tendencia decora-
tiva distingue a sus trabajos de cerámica.
35   Los conocimientos prácticos de los mayas eran
bastante primitivos. La rueda existía, pero
nunca la usaron para mover cosas sino solamente
como objeto ceremonial. Los antropólogos creen
que esto es porque su único animal doméstico

perjudicaban   *harmed*
salud   *(f) health*
sustento   *sustenance*
ofrendaban   *they made
  offerings of*

viviente   *living*
lanzaban   *threw*
pozo   *pool, well*

valiosos   *valuable*

familiares   *familial*

adornar   *to decorate*

rueda   *wheel*

[9]Tikal   *a Mayan ruin in northern Guatemala. Probably the largest and oldest (approximately
400–300* B.C.) *of the known ceremonial centers.*

era el perro, que no podía servir de animal de carga.

Aunque se han descubierto adornos de metal, parece que eran de procedencia incaica.[10] Los mayas no tenían herramientas de metal; casi todos sus instrumentos eran de piedra.

Igualmente primitivos eran sus métodos agrícolas. Utilizaban el sistema de la «milpa», que significa el uso de un pedazo de tierra de dos a cuatro años, mientras da una cosecha buena. Después se deja esa tierra sin cultivar por diez años. Esta técnica requiere, en la región de Yucatán, unas cinco hectáreas[11] por año para mantener una familia de cinco personas, o unas 30 hectáreas para mantenerla permanentemente. En las regiones tropicales la milpa no se puede usar en forma constante porque después de dos o tres años la hierba salvaje crece tan abundante y fuerte que no deja sobrevivir al maíz.

Aunque los mayas cultivaban otras plantas como el frijol, la calabaza, el algodón y el henequén, el maíz formaba el 80% de sus comestibles. Esta dependencia en el maíz es interesante porque requiere sólo unos 76 días de trabajo al año. Esto deja bastante tiempo para actividades religiosas, festivas y recreativas y para la construcción de los centros ceremoniales. Esto también podría explicar el hecho de que los mayas desarrollaran un gusto estético e intelectual bastante refinado en medio de una tecnología y una organización social primitivas.

Al examinar el nivel de las culturas indígenas del Nuevo Mundo es fácil imaginar el asombro que causaron a los españoles. Y, como los españoles tenían mucha experiencia de variedad cultural, la empresa colonial poseía posibilidades interesantes. También si se compara esta

---

animal de carga *beast of burden*

herramientas *tools*

pedazo *piece*
cosecha *crop*

mantener *to sustain*

hierba salvaje *wild grass, weeds*
sobrevivir *to survive*

calabaza *squash*
henequén *(m) sisal fiber*

asombro *awe*

empresa *undertaking*

---

[10]de procedencia incaica *There were contacts with Incan civilization through Central American tribes.*

[11]cinco hectáreas *twelve acres. One hectare equals 2.47 acres.*

situación con la de los ingleses—un pueblo
homogéneo que se encuentra frente a tribus
de indios nómadas y primitivos—se comienzan   nómadas *nomadic*
a comprender las diferencias que aparecen en
las sociedades modernas.

EJERCICIOS

I. Preguntas

1. ¿Cuáles fueron las grandes civilizaciones que encontraron los españoles en América?
2. ¿Qué pueblo habitaba la región de México?
3. ¿Cuál era la gran ciudad de los aztecas?
4. ¿Dónde se encontraban los mayas?
5. ¿Cuándo fue el período clásico de los mayas?
6. ¿Cuándo inventaron el calendario?
7. ¿Le interesa a usted la cultura maya?
8. ¿Cuál era el alimento básico de los mayas?
9. ¿Qué edificio usaban para sus estudios astronómicos?
10. ¿Cree usted que los mayas tenían visitantes de otros planetas?
11. ¿Qué sistema de escritura tenían los mayas?
12. ¿Cómo escribían los mayas el número 203?
13. ¿Quiénes sabían escribir?
14. ¿Qué era Chichén Itzá?
15. ¿Cuál era el aspecto más importante en las pirámides mayas?
16. ¿Cuál era el único animal doméstico?
17. ¿Cuántas hectáreas requería una familia en Yucatán?
18. ¿Cuántos días al año requiere el cultivo del maíz?
19. ¿Cuántos días al año trabajamos hoy día?

II. Puntos de contraste cultural

1. ¿Cuáles son algunas diferencias entre los indios que encontraron los ingleses y los que encontraron los españoles?

2. ¿A qué experiencia podemos atribuir el deseo misionero de los españoles contrastado con la poca actividad de los ingleses en ese sentido?

III. Ejercicios de vocabulario

A. Completar las siguientes formas.

1. llegar **llegada** llamar _____
2. abrir **abertura** escribir _____
3. dibujar **dibujo** cultivar _____
4. organizar **organización** colonizar _____
5. existir **existencia** influir _____

B. Encontrar los sinónimos.

1. pronósticos   a. controlar
2. dominar   b. decorado
3. comprensión   c. predicciones
4. adorno   d. cura
5. sacerdote   e. entendimiento

C. Completar según los modelos.

1. cultura **cultural**

a. ceremonia _____   e. trópico _____
b. centro _____   f. intelecto _____
c. vigésimo _____   g. punto _____
d. continente _____   h. concepto _____

2. brillo **brillante** *brillar*

a. impresión _____ _____
b. _____ **interesante** _____
c. _____ _____ *obsesionar*

3. abundancia **abundante** *abundar*

a. procedencia _____ _____
b. _____ existente _____
c. _____ _____ coincidir

Muchachas peruanas

IV. Ejercicios de composición dirigida

A. Completar las frases utilizando las palabras entre paréntesis.

1. La cultura azteca . . .
    (capacidad, gobierno, organización, se destaca, su, por)
2. Los mayas tenían una cultura . . .
    (contemporáneas, región, avanzada, casi, como, tan, mediterránea)
3. El sistema maya de medir el tiempo . . .
    (aspecto, es, más, impresionante, culturales, logros)
4. Según el *Popol Vuh* . . .
    (material, hombre, creación, sirvió, para, maíz)
5. La arquitectura maya muestra . . .
    (moderno, estética, impresiona, observador, preocupación)

B. Completar las siguientes frases.

1. Algunos ejemplos de la actividad intelectual maya son . . .
2. El maíz sólo requiere 76 días de trabajo, dejando tiempo para . . .
3. En la escritura los mayas usaban . . .
4. La religión maya era importante y Chichén Itzá era sólo . . .
5. Se puede entender la diferencia entre la actividad inglesa y la española en América si . . .

Una familia mexicana

Una familia puertorriqueña

UNIDAD 4

La familia en el mundo hispánico

Una de las características más interesantes de
cualquier cultura es la estructura de la familia y
su papel en la sociedad. Se podría decir que la
familia representa los valores de la sociedad a
5 menor escala. En el mundo hispánico los lazos
familiares muestran rasgos importantes para la
comprensión de la cultura. El sentido de familia
se extiende a casi todas las esferas de la vida y en
muchos casos es el sentimiento fundamental del
10 individuo.

cualquier *any*
papel *role*
a menor escala *on a small scale*
lazos *ties*
rasgos *traits*

esferas *spheres*

I.   Los lazos familiares

En el poema épico *Cantar de Mío Cid*,[1] del siglo
XII, considerado como la primera obra de la
literatura española, el Cid, además de guerrero
15 valiente, es también padre de familia. Gran
parte del poema trata de cómo el Cid venga una
ofensa cometida contra sus hijas. En la literatura

guerrero *soldier*

venga *avenges*

[1]*Cantar de Mío Cid National epic of Spain, written about 1140 to glorify the deeds of the
Spaniards in the Reconquest of the peninsula from the Moors.*

española existe mucha preocupación por el honor del individuo. Este honor está relacionado con los miembros de la familia; por ejemplo, la manera más común de atacar a al-
5 guien es por medio de una ofensa a un familiar.

    En la época moderna, se puede observar la importancia de esto en ciertos fenómenos lingüísticos. Los insultos más graves tienden a implicar a los miembros de la familia del insultado.
10 En el poema *Martín Fierro*,[2] del siglo XIX, un gaucho trata de insultar a otro ofreciéndole un vaso de aguardiente:

"Diciendo: 'Beba, cuñao.'
—'Por su hermana; contesté,
15 Que por la mía no hay cuidao.'"

Existen varios insultos relacionados con la madre de uno y el decir sencillamente «Yo soy tu padre» es una de las peores ofensas.

    Todo esto sugiere la importancia fundamental
20 de la familia en la vida hispánica. Si se examina la sociedad contemporánea se puede ver que el sentimiento de familia ejerce gran influencia en casi todas las instituciones sociales.

II. La familia y la política

25 En la política, muchas veces los lazos familiares determinan las alianzas con más fuerza que la ideología o el partido. Aún más importante es la práctica del nepotismo en las burocracias. Esta práctica, que se prohibe en los Estados Unidos
30 por ser ineficaz e injusta, es más común (y menos censurada) en el mundo hispánico. Además, las prohibiciones tienen poco efecto porque nadie puede negar que la lealtad y las obligaciones con la familia son más importantes que otras consideraciones. Por eso, se ven casos

por medio de *by means of*
familiar *(m) family member*

tienden a *tend to*

gaucho *cowboy (Arg.)*
aguardiente *(m) liquor*

alianzas *alliances*
partido *political party*

ineficaz *inefficient*
injusta *unfair*

negar *to deny*
lealtad *(f) loyalty*

[2]*Martín Fierro   Narrative poem by the Argentinean José Hernández, written in 1872. The poem is a classic study of the gaucho in his struggle against the move of civilization into the pampas. The quote says: "Drink, brother-in-law." "It must be because of your sister, 'cause I'm not worried about mine."*

de pueblos en los que todos los oficiales son de la
misma familia. Claro que la práctica se puede
defender porque elimina muchos problemas internos. También existe más lealtad entre los
5 trabajadores si son miembros de la familia del
jefe.

En el mundo del comercio existe el mismo
fenómeno. Es aquí donde se muestra con más
efecto la importancia de la familia. Si un em-
10 presario comercial prefiere utilizar a su sobrino,
arriesgando así la utilidad del negocio, entonces
se entiende que es una obligación seria. Después de todo, el funcionario de gobierno no
gasta su propio dinero cuando emplea a un
15 pariente. En cambio, el hombre de negocios
muchas veces pone el lazo familiar por encima
de las ganancias y pérdidas de su empresa.

En el campo, los grandes propietarios han
seguido tradicionalmente otra práctica que in-
20 fluye en las relaciones familiares—el mayorazgo.
Esta práctica le da al hijo mayor toda la propiedad de la familia en vez de dividirla entre
todos los hijos. Esto se ha hecho desde la época
romana en España y continúa hoy en muchas
25 partes. El propósito es mantener la propiedad entera en manos de una sola persona. El
hijo mayor tiene la obligación de mantener y
de cuidar a los otros hijos si ellos así lo desean.
En tiempos de crisis o de necesidad, los otros
30 hijos pueden usar el patrimonio. De hecho, la
casa familiar siempre es considerada como el
hogar de los hijos, aún después de casados. En
las haciendas tradicionales es común encontrar
juntas a varias familias y generaciones. Muchas
35 veces los hijos no establecen casa propia.
Existe, sin duda, cierta presión sobre los hijos
para que tengan una carrera, aunque es preferible que sigan viviendo «en casa».

Hay muchos casos históricos y literarios de
40 segundones resentidos por falta de perspectivas,
a no ser la de casarse con la hija de otra familia
sin herederos masculinos.

---

comercio *business*

sobrino *nephew*
arriesgando *risking*
utilidad *profit*

en cambio *on the other hand*
por encima de *above*
ganancias y pérdidas *profit and loss*

de hecho *indeed*

casados *married*

sin duda *doubtlessly*
carrera *career*

segundones *second sons*
resentidos *resentful*
a no ser *except*
herederos *heirs*

En el siglo XVIII en Hispanoamérica una de
las pocas posibilidades que tenía un segundón
era el ejército. Por ser de buena familia no podía
dedicarse al comercio o a otro oficio similar, y el
5 gobierno colonial estaba reservado para los españoles de la península. La otra profesión posible era el clero. Cuando nacieron las primeras
ideas de independencia, el ejército y el clero se
unieron rápidamente a las fuerzas rebeldes para
10 conseguir más privilegios para sí mismos. Esto
ayudó mucho en la lucha contra España. Simón
Bolívar, considerado como el padre de la independencia, era el segundo hijo de una familia
numerosa. Pero Bolívar tuvo buena fortuna: un
15 tío le dejó bastante dinero. Claro que hoy el
segundón tiene más perspectivas para su propia
carrera.

ejército **army**
oficio **trade**

clero **clergy**

para sí mismos **for themselves**

III.   La familia y la sociedad

La influencia de los sentimientos de familia
20 también se extiende a la esfera social. Un gran
número de ocasiones sociales son de tipo familiar. Generalmente, en los días de fiesta o los
domingos, la familia recibe en su casa o visita a
otros miembros de la familia. Estas ocasiones se
25 caracterizan por la presencia de los niños y los
abuelos.

    Lo que sorprende a los norteamericanos
cuando visitan los países hispánicos es la presencia de los niños en casi todas las fiestas.[3] Ellos se
30 acostumbran a participar con los adultos en las
fiestas y otras ocasiones, como las bodas y los
bautismos. Tienden a formar parte de la familia
en el sentido social desde muy pequeños. Así
están continuamente aprendiendo cómo com-
35 portarse en sociedad. Se acostumbran a tratar
con personas de varias edades—abuelos, padres
y hermanos mayores—, desarrollando así una

se acostumbran **become used to**

bodas **weddings**

comportarse **to behave**

---

[3]The cocktail party (el cóctel) *purely for adults is a fairly recent phenomenon in urban areas.
Children are not likely to attend these.*

capacidad que mantienen como adultos. Se ven grupos de personas de diferentes edades en lugares públicos como el cine o los bailes. Hay menos tendencia que en la sociedad norteamericana a agruparse según la edad. Por eso también es menos molesto llevar a la mamá o al hermano menor cuando dos jóvenes salen al cine.[4]

agruparse   *to gather*

molesto   *bothersome*

Esto se relaciona con otro aspecto de la vida familiar: la convivencia de varias generaciones de parientes en la misma casa. No es raro encontrar a los abuelos, los padres y los hijos junto con algún tío o tal vez un primo formando una familia. Los sociólogos han observado varias ventajas en esta situación. Una de ellas es que los niños tienen más personas que los cuiden, y por eso no necesitan tanta atención de cada uno. También tienen más de un modelo y si, por desgracia, pierden a uno de los padres, hay otros adultos presentes. Con tantas personas en casa no es necesario pagar a alguien de afuera para cuidar a los niños—la palabra *baby-sitter* no tiene equivalente exacto en español.[5] Las tareas domésticas se comparten y son menos pesadas. Una desventaja de esta convivencia es la falta de retraimiento en casa. También puede ser que el niño se acostumbre a contar siempre con el apoyo de la familia, lo que hace más difícil la separación después.[6]

convivencia   *cohabitation*

ventajas   *advantages*

por desgracia *unfortunately*

de afuera   *from outside*

se comparten   *are shared*
pesadas   *troublesome*

retraimiento   *privacy,
   solitude*

apoyo   *help, support*

Una tradición que muestra lo que significa el lazo familiar en el mundo hispánico es la de incluir a todos los parientes, aún los más lejanos, en lo que se considera la familia. Si llega un primo al pueblo desde otro lugar, se le trata como miembro de la familia local y tiene los derechos y privilegios correspondientes. Queda

lejanos   *distant*

derechos   *rights*
queda . . . invitado   *he has
   a standing invitation*

[4]*The requirement of a chaperone when young people date is still common although not universal. It is not unusual to see a couple on a date with a younger sister or brother or the mother of one of the young people. As with many other social traditions it happens less often in large cities than in small towns.*

[5]baby-sitter   *the word* niñera *is sometimes used for this term, but it really means "nursemaid."*

[6]*One may still hear a 40-year-old man referred to as an orphan when he loses his parents.*

implícitamente invitado a visitar a la familia, a comer en la casa y hasta a dormir allí si es posible. A veces, una persona puede viajar por todo el país sin tener que ir a parar en un hotel, por-
5 que tiene familia en cada pueblo. Este sentimiento de unidad es bastante fuerte en la familia y muchas veces domina la vida del individuo.

Como en toda sociedad católica, los padrinos   padrinos *godparents*
10 asumen serias obligaciones hacia los niños en caso de la ausencia de los padres. Es verdaderamente un honor ser elegido padrino y ser   elegido *chosen* considerado como un miembro de la familia.

IV. El significado de la familia

15 En la familia inmediata o «nuclear» (padres e hijos), es notable el papel del padre. Aunque tradicionalmente el hombre domina en el hogar, el padre tiene un contacto constante e íntimo con sus hijos. Un marido, que no pensaría nunca
20 en meterse en la cocina o en lavar la ropa, cuida   meterse en *to go into* a los niños con verdadero gusto y orgullo. Este   orgullo *pride* orgullo por los niños es algo que se destaca en la   se destaca *stands out* sociedad hispánica y que tal vez contribuye a mantener fuerte el sentido de la familia.
25   Este orgullo también contribuye a uno de los problemas más graves de Hispanoamérica: el crecimiento desenfrenado de la población, que   crecimiento *growth* frustra los esfuerzos del progreso social. Además   desenfrenado *uncontrolled* de la prohibición religiosa de los métodos ar-   además de *besides*
30 tificiales de control de natalidad, hay obstáculos   natalidad *(f) birth* sociales y personales que no permiten que la gente acepte tales procedimientos. La masculinidad y la femineidad de los padres están implicadas en el tamaño de las familias. En las
35 regiones rurales, también entran las cuestiones económicas: el hijo es mano de obra.   mano de obra *worker*

Es obvio que la familia ocupa un lugar muy importante tanto en la sociedad como en la vida del individuo. Influye en casi todas las instituciones
40 del mundo hispánico desde los partidos políticos

hasta las reuniones sociales. No pocas veces determina la posición del individuo en la sociedad, porque el niño hereda el buen nombre familiar además de los bienes materiales. Esta herencia

5 tiene gran importancia para las futuras oportunidades de la persona. Además, ejerce una fuerza moral bastante efectiva, puesto que, junto con la buena fama, uno hereda la obligación de mantenerla.

10 La familia también es importante para el desarrollo del individuo. La familia existe siempre como un grupo ya hecho, lleno de tradición y significado. El niño adquiere la conciencia de pertenecer a un grupo sin peligro de ser expul-

15 sado y sin tener que probar nada más que su lealtad. Claro que la familia no aprueba todo lo que hacen sus miembros, pero tolera casi todo. Es decir que, por malo que sea, el individuo siempre está ligado a la familia por la sangre. La

20 familia es un grupo que ofrece protección, consuelo en los fracasos y calor y comprensión contra la soledad. Todo esto da un sentido de seguridad que a veces restringe el desarrollo sicológico y resulta en una tendencia a depender

25 demasiado de la familia. Es frecuente el caso de que alguien pierda oportunidades de trabajo por no querer dejar a la familia para ir a vivir a otra parte. Las compañías tratan de no mudar a sus empleados de un lugar a otro porque esto causa

30 problemas. El concepto de la sociedad móvil que ha dominado tanto en los Estados Unidos en las últimas décadas no se ha establecido bien en el mundo hispánico. Aunque esto podría impedir el progreso económico, es obvio que tiene

35 algunas ventajas notables. Desde el punto de vista social, el sistema norteamericano no siempre ha dado buenos resultados. Algunos creen que esta movilidad es responsable del aumento de los crímenes y problemas mentales

40 en los Estados Unidos.
    Es importante recordar que el grupo básico a que pertenece el individuo hispánico es su

---

bienes *(m) goods*

puesto que *since*

pertenecer *to belong*
peligro *danger*
ser expulsado *to be expelled*
aprueba *approves*

por malo que sea *however bad he may be*
sangre *(f) blood*
consuelo *consolation*
fracasos *failures*

restringe *restricts*

mudar *transfer*

impedir *to hamper*

aumento *growth*

familia. Esta inspira una lealtad más fuerte que cualquier otra. Para la mayoría de la gente, la familia está antes que el empleo, el partido político o la comodidad personal.

comodidad *(f) comfort*

EJERCICIOS

I.   Preguntas

1.   ¿Qué representa la familia en la sociedad?
2.   ¿En que época histórica vivió el Cid?
3.   ¿Cuál es una manera muy común de ofender a un individuo?
4.   ¿Qué importancia tiene la familia en la política?
5.   ¿Cómo se justifica el nepotismo en el mundo hispánico?
6.   ¿Ha trabajado usted para un pariente? ¿Hasta dónde se extendía su lealtad?
7.   ¿Cuál es el propósito del mayorazgo?
8.   ¿Qué obligaciones tiene el hijo mayor?
9.   ¿Cuáles son las posibilidades tradicionales de los segundones?
10.   ¿Por qué tenía Simón Bolívar dinero?
11.   ¿Cuándo comienzan los niños a participar en las fiestas?
12.   ¿Qué ventaja tiene esto?
13.   ¿Quiénes se pueden incluir en la familia hispánica?
14.   ¿Ha vivido usted con muchos parientes?
15.   ¿Le gustaría a usted salir acompañado de su mamá?
16.   ¿Cuáles son los factores que impiden el uso de métodos para el control de la natalidad?
17.   ¿Qué fuerza moral ejerce la familia sobre el hijo?
18.   ¿Se ha mudado usted de casa muchas veces?
19.   ¿Cree usted en el concepto de la sociedad móvil?
20.   ¿Cree usted que las ventajas de un sentido fuerte de familia son grandes?

II.   Puntos de contraste cultural

1.   ¿Qué diferencias se pueden observar entre la familia en el mundo hispánico y en los Estados Unidos?
2.   ¿Cree usted que algunas de las diferencias se deben al carácter rural de la sociedad hispánica?

3. ¿Cuáles son las diferencias en la actitud familiar hacia los niños? ¿Cree usted que es bueno incluir a los niños en las fiestas de adultos?

III. Ejercicios de vocabulario

A. Completar según los modelos.

1. justo **injusto**
probable **improbable**

a. eficaz _____   e. posible _____
b. _____ innecesario   f. _____ infrecuente
c. ofensivo _____   g. cómodo _____
d. _____ inútil   h. _____ impersonal

2. gracia **desgracia**

a. conocido _____   d. _____ desligar
b. _____ desventaja   e. aparecer _____
c. acostumbrado _____   f. _____ descuidar

3. costumbre **acostumbrarse**

a. grupo _____   c. socio _____
b. _____ apoderarse   d. asombro _____

B. Completar en español según los modelos.

1. society **sociedad**   2. worker **trabajador**

a. capacity _____   a. observer _____
b. necessity _____   b. counter _____
c. possibility _____   c. creator _____
d. utility _____   d. governor _____
e. facility _____   e. conqueror _____

IV. Ejercicios de composición dirigida

A. Completar las frases utilizando las palabras entre paréntesis.

1. Se podría decir que la familia . . .
(sociedad, valores, escala, representa, menor)

2. Los insultos más graves . . .
   (familia, insultado, suelen, implicar, miembros)
3. La casa familiar . . .
   (considerada, hogar, siempre, casados, después, hijos, es)
4. El niño se acostumbra . . .
   (bodas, participar, adultos, con, ocasiones, otras, como, bautismos, fiestas)
5. La familia existe . . .
   (grupo, significado, tradición, lleno, hecho, siempre, como)

B. Completar las frases:

1. Las prohibiciones contra el nepotismo tienen poco efecto porque . . .
2. Los propietarios siguen el mayorazgo, que es . . .
3. Hay muchos casos históricos de segundones . . .
4. Los factores que impiden el uso de métodos para el control de la natalidad incluyen . . .
5. La sociedad móvil no se ha establecido en el mundo hispánico porque . . .

Madrid, dos jóvenes

UNIDAD 5

El hombre y la mujer en la sociedad hispánica

La sociedad hispánica tiene una larga tradición
de orientación masculina. Durante la mayor
parte de la historia de la civilización hispánica, el
hombre ha dominado en casi todas las esferas de
5 la vida. Aunque ha habido progreso hacia la
igualdad en las ciudades, la situación ha cambiado poco fuera de los centros urbanos. Como
en todo el mundo occidental, en los países hispánicos ha existido y existe una división clara
10 entre los derechos, privilegios y obligaciones de
cada sexo.

igualdad (f) equality
fuera de outside of
occidental western

I.   Los nombres hispánicos

El sistema de apellidos refleja esta dominación
masculina. Los niños llevan los apellidos del
15 padre y de la madre, pero el del padre va primero. El hijo de Juan Gómez Rodríguez y de
María López Gutiérrez sería Francisco Gómez

apellidos surnames

López, o Gómez y López.[1] Los apellidos de las abuelas, Rodríguez y Gutiérrez, se pierden. Si Francisco se casara con Teresa Vargas Aguilar, su hijo sería Mario Gómez Vargas. Se ve que es
5 sólo el apellido del lado masculino el que se conserva, así que si un matrimonio sólo tiene niñas el nombre desaparecerá después de dos generaciones. Las familias muy conscientes de su linaje a veces continúan usando los apellidos
10 por más tiempo, pero eventualmente el resultado es el mismo.

Hay, sin embargo, algunos casos en que el hijo ha escogido otro procedimiento. El famoso pintor español Diego Velázquez (1599–1660),
15 hijo de Juan Rodríguez de Silva y de Jerónima Velázquez, debería haberse llamado Diego Rodríguez de Silva y Velázquez. Pero por ser su padre portugués y su madre de una familia aristocrática sevillana, el pintor prefirió usar su ape-
20 llido materno.

Otro caso semejante es también el de un pintor: Pablo Diego José Francisco de Paula Juan Nepomuceno María de los Remedios Cipriano de la Santísima Trinidad Ruiz Blasco Picasso
25 López, hijo de José Ruiz Blasco y de María Picasso López. También él escogió su apellido materno y se hizo famoso con el nombre de Pablo Picasso (1881–1973). Se ve un ejemplo también de la costumbre de dar toda una serie
30 de nombres cristianos a los hijos a veces, por lo general para honrar a varios parientes. Claro que se escoge uno o dos de los nombres para el uso diario y los otros sólo aparecen en la partida de nacimiento.

35 **II.   La sociedad patriarcal**

Sin embargo, casos como el de Velázquez o el de Picasso son excepcionales; el sistema de-

se casara con *married*

matrimonio *couple*

linaje *(m) lineage*

escogido *chosen*
procedimiento *procedure*

debería haberse
llamado *should have
been called*

se hizo *became*

diario *daily*
partida *certificate*

---

[1]Gómez y López *The use of y between the father's and mother's names is optional. The case with de is more complicated: it is used to designate a married name of a woman, for example, María López Gutiérrez de Gómez, where López Gutiérrez is her maiden name. In older names it was also used simply to mean "from" and later was frequently incorporated into the name permanently. All these usages tend to be variable.*

cididamente favorece la línea paterna. Muchas
otras instituciones tradicionales de la sociedad
hispánica también favorecen al hombre.
Generalmente, las mujeres están limitadas a las
5 tareas domésticas, o si trabajan, limitadas a los
trabajos más sencillos. Aunque seguramente
cambiará la situación, la mujer hispánica está en
una posición bastante inferior a la de sus her-
manas en el resto del mundo occidental. Sin
10 duda esto se debe en parte a factores   se debe *is due*
económicos, pero también contribuye el
machismo, que crea criterios sociales muy distintos entre el hombre y la mujer. El machismo
es un fenómeno socio-sicológico que se define
15 como una preocupación exagerada por la
masculinidad—abarca lo físico, lo sexual, lo so-   abarca *it includes*
cial y aún lo político. Es un problema cuando se
convierte en un anhelo de comprobar la mas-   anhelo *urge*
culinidad porque entonces puede conducir a ac-   comprobar *to prove*
20 ciones antisociales y hasta patológicas.

    Las distinciones entre el hombre y la mujer se
ven claramente en las relaciones sexuales. La actividad sexual del hombre es cosa aceptada
mientras que para la mujer toda relación que no
25 sea con el marido queda estrictamente prohi-
bida. El tener una «querida» no es infrecuente   querida *mistress*
en la sociedad hispánica tradicional.
    Hay dos cosas que contribuyen a esta situa-
ción: primero, la fuerte prohibición religiosa
30 contra el control artificial de la natalidad que
dificulta la actividad sexual de la mujer; y segundo, la imagen de la mujer como una persona pasiva y débil frente a los apetitos sexuales
del hombre. Esta última idea conduce a la tradi-
35 ción de prohibir que la mujer salga sola con un
hombre. Esto se hace no tanto por falta de
confianza en la castidad de la mujer como por   castidad *(f) chastity*
temor a la debilidad femenina. Es una manera   temor *(m) fear*
de pensar muy diferente de la anglo-sajona, que
40 exige la supresión de los deseos naturales de   exige *demands*
los jóvenes enamorados. En el mundo his-   enamorados *in love*
pánico se trata de evitar esa supresión voluntaria

mandando a la hermana menor o aún a la mamá de la muchacha a acompañar a los jóvenes a los bailes o al cine.

5 A pesar de esta relativa falta de libertad personal y profesional ha habido casos de mujeres que se han destacado personalmente en la literatura, la enseñanza y hasta en la política, superando los obstáculos que encontraron en su camino.

se han destacado *have excelled*
enseñanza *education*
superando *overcoming*

10 III. Mujeres en la literatura hispánica

Sor Juana (1651–1695)—Durante la época colonial en Hispanoamérica la literatura pocas veces alcanzó el nivel de la de España. La única figura de importancia permanente fue una mujer, 15 Juana Inés de Asbaje y Ramírez de Santillana, más conocida por su nombre eclesiástico, Sor Juana Inés de la Cruz. Sor Juana nació en Nueva España[2] en 1651, época en que las muchachas tenían sólo dos elecciones: casarse o entrar al 20 convento.

elecciones *(f) choices*

Sor Juana era una niña muy inteligente, que había aprendido a leer a los tres años, y durante su juventud tuvo gran fama intelectual y social en la corte del Virrey.[3] En un ensayo famoso 25 confiesa que trató de convencer a su madre de que debía asistir a la universidad vestida de hombre porque no admitían a las mujeres. La madre no accedió y Sor Juana tuvo que aprender todo por sí sola. Sin embargo, por razones mis- 30 teriosas, a los 16 años decidió renunciar a la sociedad y entrar en un convento. Su única explicación fue que no tenía interés en el matrimonio y quería dedicarse al estudio y a la literatura. La vida religiosa tenía cierta atracción 35 porque le ofrecía sosiego y tiempo para las tareas

ensayo *essay*

no accedió *did not give in*
por sí sola *on her own*

sosiego *tranquillity*

[2]Nueva España *New Spain, the name given the colony which included the known parts of North and Central America. The local center was Mexico City.*

[3]Virrey *viceroy. In colonial administration the viceroy was the king's representative in the colony. He possessed most of the powers of a monarch and was ultimately responsible only to the king.*

intelectuales.[4] Los hombres podían dedicarse a
una vida de maestro o profesor, pero para una
mujer de inclinaciones intelectuales la única
posibilidad era el convento. Durante casi treinta
5 años Sor Juana escribió poesía, considerada
entre la más bella y original que se ha creado en
la lengua española. Su obra muestra las tensiones internas de una mujer, por un lado sinceramente católica y por otro consciente de las
10 nuevas ideas científicas. Además de este
conflicto, se ve en su obra la enajenación
causada por su condición de mujer intelectual.

    Algunos de sus versos son de tipo amoroso, lo
que hace pensar a algunos críticos que Sor Juana
15 entró al convento a causa de un amor fracasado.
Otros creen que los versos son simbólicos y que
se refieren a los problemas que causaba su
curiosidad intelectual frente a la sociedad cerrada de su época. Versos como éstos no resuel-
20 ven el misterio:

        Hombres necios que acusáis
        a la mujer sin razón,
        sin ver que sois la ocasión
        de lo mismo que culpáis;

    . . . .

25   Queréis, con presunción necia
        hallar a la que buscáis,
        para pretendida, Thais,
        y en la posesión, Lucrecia.[5]

    . . . .

30   ¿Pues para qué os espantáis
        de la culpa que tenéis?
        Queredlas cual las hacéis
        o hacedlas cual las buscáis.

Cualquiera que fuera el motivo, Sor Juana vertió
35 en sus muchas poesías algún tormento interior y

Glosses (margin):

maestro *school teacher*

enajenación *(f) alienation*

amor fracasado *(m) ill-fated romance*

frente a *faced with*

necios *foolish*
que acusáis *who accuse*
sin razón *wrongly*
ocasión *(f) cause*
culpáis *you criticize*

presunción *(f) conceit*
hallar *to find*
pretendida *lover*

espantáis *fear*

queredlas *love them*
cual *as*
hacedlas *make them*

vertió *poured*

[4]tareas intelectuales *In that period convent life was relatively easy; the discipline was not too strict nor the demands too great. For many they served as places of meditation on religion and life.*

[5]Thais . . . Lucrecia *Two women of classical mythology; the first a famous Greek courtesan, the second a Roman model of virtue. The poem criticizes men who seek a sexual relationship with women but want to marry a virgin.*

lo supo hacer dentro de una sociedad que desaprobaba la libertad intelectual, sobre todo de
parte de una mujer. Así que la vida y obra de Sor
Juana forman uno de los capítulos más in-
5 teresantes de la historia de la cultura hispánica,
y hacen de esta poetisa la primera feminista del
continente.

Gabriela Mistral (1889–1957)—Entre los seis
escritores hispánicos[6] que han recibido el Pre-
10 mio Nobel de Literatura se encuentra una mujer
chilena, Gabriela Mistral (nombre literario de
Lucila Godoy Alcayaga). Poetisa de lirismo intenso, Gabriela también alcanzó fama internacional por su actividad en la educación. En 1922
15 José Vasconcelos[7] la invitó a México para cooperar en la reforma educacional que llevaba a
cabo bajo el nuevo gobierno revolucionario.
Muchas de sus ideas todavía forman parte del
sistema de enseñanza de México.

20 Después de terminar esta tarea, Gabriela sirvió en el servicio diplomático de Chile en los Estados Unidos y en Europa, donde se destacó con
igual brillo. En 1945 le otorgaron el Premio
Nobel de Literatura «por el aliento humanitario
25 que caracteriza su obra y su vida».

La poesía de Gabriela refleja un incidente
trágico de su juventud cuando el hombre a
quien amaba profundamente murió. Esto y su
carrera de maestra rural forman casi toda su
30 obra. Se nota un énfasis en el amor maternal,
aún hacia el amante perdido, como demuestra el
soneto siguiente:

Del nicho helado en que los hombres te
pusieron,
35 te bajaré a la tierra humilde y soleada.

Glosses (margin):

desaprobaba *disapproved*
de parte de *on the part of*

lirismo *lyricism*

llevaba a cabo *which was being completed*

se destacó *she distinguished herself*
brillo *brilliance*
otorgaron *granted*
aliento *spirit*

carrera *career*

amante *(m or f) lover*

nicho helado *frozen niche*
te bajaré *I will lower you*
humilde y soleada *humble and sun-bathed*

[6]seis escritores *The Nobel Prize for literature has gone to six Hispanic writers: José Echegaray (Spain, 1832–1916) in 1904; Jacinto Benavente (Spain, 1866–1954) in 1922; Gabriela Mistral (Chile, 1889–1957) in 1945; Juan Ramón Jiménez (Spain, 1881–1958) in 1956; Miguel Ángel Asturias (Guatemala, 1899–1974) in 1967; Pablo Neruda (Chile, 1904–1973) in 1971.*

[7]José Vasconcelos *One of the best known of the intellectuals who reformed the government of Mexico after the revolution of 1910. Vasconcelos became minister of education and was instrumental in the creation of a system of rural schools staffed by volunteer teachers from the cities. Gabriela was by profession a teacher in a rural school.*

Que he de dormirme en ella los hombres no
  supieron,
y que hemos de soñar sobre la misma almohada.

Te acostaré en la tierra soleada con una
5 dulcedumbre de madre para el hijo dormido,
y la tierra ha de hacerse suavidades de cuna
al recibir tu cuerpo de niño dolorido.

Luego iré espolvoreando tierra y polvo de rosas,
y en la azulada y leve polvareda de luna,
10 los despojos livianos irán quedando presos.

Me alejaré cantando mis venganzas hermosas,
¡porque a ese hondo recóndito la mano de ninguna
bajará a disputarme tu puñado de huesos!
15   de *Los sonetos a la muerte* (1922)

*y que hemos de soñar sobre
la misma almohada and
that we would be
dreaming on the same
pillow (the earth)*
dulcedumbre *(f)
sweetness*
suavidades de cuna *(f)
lullabies*
espolvoreando *spreading*
polvo *dust*
azulada *blue*
leve *light*
polvareda *dust swirls*
despojos *specks*
livianos *tiny*
presos *caught*
me alejaré *I shall move
away*
hondo recóndito *deep
hiding place*
disputarme *fight me for*
puñado *handful*

Se puede ver que han existido varias mujeres
entre las grandes figuras literarias del mundo
hispánico. En la actualidad podríamos mencionar a Ana María Matute y a Carmen La-
20 foret,[8] destacadas novelistas españolas. Es de
notar que, de todos los que han recibido el
Premio Nadal, que se da a la mejor novela
española de cada año, más del cuarenta por
ciento son mujeres.

25   **IV. Las mujeres en la política**

Si la literatura representa una carrera bastante
abierta a las mujeres, ¿qué se puede decir de la
política? Aunque Gabriela Mistral tuvo algo de
participación en la política, todo fue dentro de la
30 educación. Es cierto también que varias reinas
han dirigido a España. La más importante fue   dirigido *governed*
Isabel I la Católica, que tuvo la visión de

[8]Ana María Matute y Carmen Laforet *Matute (b. 1926) is the author of several prize-winning
novels and many short stories. She is perhaps best known for her portrayal of children. Laforet (b.
1921) has also written numerous works including her most famous novel* Nada *(1944) for which she
won the* Premio Nadal *at the age of 23. The* Premio Nadal *is the equivalent of the Pulitzer Prize in
U.S. letters.*

proveer fondos para la expedición de Cristóbal
Colón. Isabel I también influyó en la organización de las colonias y su actitud, más
humanitaria que la del Rey Fernando, mejoró el
5 tratamiento a los indios. Ella fue la que insistió
en que los indios debían ser súbditos de la
corona de España en vez de ser considerados
como esclavos. Isabel creía que los indios eran
seres humanos con posibilidad de salvación y
10 apoyó mucho la empresa misionera de la Iglesia.

Sin embargo, muchas de las reinas siguientes
tenían fama de gobernar bajo la influencia de sus
consejeros y ministros que, según el decir popular, les servían también de amantes. En el siglo
15 XIX algunos españoles querían importar la
tradición francesa que sólo permitía a los
hombres ser herederos del trono.

Con todo lo dicho, sorprende la reciente
situación de la Argentina, donde una mujer ha
20 llegado por primera vez a encabezar un país
americano. En 1974 Isabel Perón subió a la presidencia de la República Argentina después de la
muerte de su esposo, el presidente Juan Perón
(1895–1974). Éste había sido elegido presidente
25 en 1946 y durante los seis primeros años de su
mandato, su segunda esposa, Eva («Evita»)
Duarte lo ayudó a mantener su popularidad. Actriz excelente y dueña de una gran personalidad,
Evita tenía la capacidad de fascinar al pueblo.
30 Después de su muerte en 1952, el poder de
Perón comenzó a disminuir. Algunos creen que
la ausencia de Evita fue un factor importante de
su caída en 1955. Quizás Perón pensara lo
mismo, porque cuando retornó triunfante a la
35 Argentina en 1973, insistió en que su tercera esposa, Isabel, fuera candidata para vicepresi-
denta. Al enfermarse Perón poco después de las
elecciones, nombró a su esposa como presidenta
interina. Isabel, una bailarina que Perón había
40 conocido en 1956 en Panamá cuando él estaba
allí exilado, lo había acompañado durante los 17

proveer	*to supply*
fondos	*funds*
tratamiento	*treatment*
súbditos	*subjects*
esclavos	*slaves*
empresa	*enterprise*
consejeros	*advisors*
el decir popular	*(m) the common gossip*
herederos	*inheritors*
trono	*throne*
encabezar	*to head*
mandato	*term*
dueña de	*possessed of*
fascinar	*to intrigue*
ausencia	*absence*
caída	*fall*
interina	*interim*
bailarina	*dancer*

años que él pasó en España. Allí, además de ser
su compañera y luego su esposa, le sirvió de se-
cretaria personal y ayudante en asuntos políticos.

ayudante *aide*

A su regreso al país, Perón tuvo que vencer
5 una fuerte oposición partidaria, ya que Isabel,
que no tenía el carisma de Evita, no fue bien recibida por el pueblo. Sin embargo, esta mujer
llegó a ocupar la presidencia de un país convulsionado por toda clase de problemas
10 económicos y políticos.

vencer *to overcome*
partidaria *partisan*

convulsionado *convulsed*

Así se ve que, aunque la sociedad hispánica ha
favorecido siempre al hombre, también existen
casos de mujeres ilustres comparables a cualquier figura histórica, hombre o mujer, de otros
15 países. La persona que sabe trascender las cir-
cunstancias de su momento, cualquiera que sean
éstas, acaba destacándose en la historia.

ilustres *famous*

trascender *to transcend*

acaba destacándose *ends
by distinguishing himself
or herself*

EJERCICIOS

I. Preguntas

1. ¿Cómo reflejan los apellidos el dominio masculino?
2. ¿Lleva usted algún apellido materno?
3. ¿Por qué escogió Diego Velázquez su apellido materno?
4. ¿Por qué existe la costumbre de dar tantos nombres cristianos a los hijos?
5. ¿Qué es el machismo?
6. ¿Por qué entró Sor Juana en el convento?
7. ¿Cuál es la posición de la mujer intelectual hoy día?
8. ¿Cuántos escritores hispánicos han ganado el Premio Nobel
de Literatura?
9. ¿Por qué fue a México Gabriela Mistral?
10. ¿Qué tragedia sufrió Gabriela en su juventud?
11. ¿Quién pagó la expedición de Cristóbal Colón?
12. ¿Qué fama tienen muchas de las reinas de España?
13. ¿Quién fue la primera presidenta de una nación americana?
14. ¿Cree usted que sería posible para una mujer llegar a ser
presidenta de los Estados Unidos?
15. ¿Cómo fue posible en la Argentina?

16. ¿Cree usted que las mujeres sufren opresión en los Estados Unidos hoy día?
17. ¿Cómo se originó esta situación?
18. ¿Hay carreras cerradas a las mujeres?
19. ¿Ha ganado alguna mujer norteamericana el Premio Nobel?

II. Puntos de contraste cultural

1. ¿Las mujeres en el mundo hispánico son más o menos libres que en los EE.UU.?
2. ¿Qué diferencias hay entre la situación de la mujer urbana y la mujer campesina? ¿Por qué existen estas diferencias?
3. ¿Cuáles son las diferencias en la posición social de la mujer en Hispanoamérica y en los Estados Unidos?

III. Ejercicios de vocabulario

A. Completar según los modelos.

1. activo **actividad**

a. masculino _____   c. _____ humanidad
b. curioso _____   d. materno _____
       e. _____ relatividad

2. débil **debilidad**

a. _____ originalidad   c. _____ intelectualidad
b. actual _____   d. fácil _____
       e. _____ personalidad

B. Indicar los sinónimos.

1. elegir   a. trabajos
2. natalidad   b. distinguido
3. únicamente   c. sólo
4. tareas   d. nacimiento
5. famoso   e. retener
6. conservar   f. ilustre
7. destacado   g. escoger

C. Indicar las palabras con significado opuesto.

1.	primero	a.	cerrado
2.	prohibir	b.	último
3.	nacer	c.	comenzar
4.	terminar	d.	morir
5.	abierto	e.	permitir

IV. Ejercicios de composición dirigida

A. Completar las frases con las palabras entre paréntesis.

1. Como en todo el mundo occidental ha existido y existe . . .

   (derechos, entre, clara, privilegios, sexo, división, obligaciones, cada)
2. Generalmente, las mujeres están . . .

   (domésticas, trabajan, si, limitadas, limitadas, tareas, trabajos, sencillos, más)
3. A pesar de esta falta de libertad, existen casos de mujeres que . . .

   (destacado, personalmente, han, literatura, se, enseñanza, política, hasta)
4. La poesía de Gabriela Mistral refleja un incidente trágico . . .

   (amaba, profundamente, juventud, quien, cuando, murió, hombre)
5. Con todo lo dicho sorprende la situación reciente de la Argentina . . .

   (americano, encabezar, primera, donde, mujer, ha llegado, por, vez, país)

B. Completar las frases.

1. Las familias más conscientes de su linaje . . .
2. La mujer hispánica está en una posición . . .
3. En la época de Sor Juana las muchachas tenían . . .
4. Es de notar que, de todos los que han recibido el Premio Nadal . . .
5. Aunque la sociedad hispánica ha favorecido al hombre en general . . .

UNIDAD 6

El concepto hispánico de la muerte

El concepto que un pueblo tiene de la muerte puede revelar bastante acerca de su cultura. Como la muerte es algo que existe y que siempre ha existido en todas las culturas, es uno
5 de los aspectos universales que sirve de comparación y de contraste entre grupos distintos. Es uno de los temas más comunes de la literatura mundial, tal vez por su constante presencia, o tal vez porque existe la necesidad de consolar a
10 los que están esperando el último hecho de la vida.

pueblo *people*

mundial *of the world*

hecho *event*

I.   Las actitudes hispánicas

Sin duda alguna el anglosajón que visita un país hispánico se sorprende ante la presencia
15 cotidiana de la muerte. En vez de ser una cosa escondida, la muerte es una preocupación constante del pueblo hispánico, tanto que puede parecer mórbida al extranjero no acostumbrado

cotidiana *everyday*
escondida *hidden*

a esa cultura. La gente hispánica parece vivir pensando en la muerte: en los familiares y amigos difuntos (¡que en paz descansen!),[1] en los entierros, en los asesinatos, accidentes, enfer-
5 medades y todas las tragedias del mundo moderno.

Hay fenómenos lingüísticos que muestran esta preocupación con la muerte. Un «muerto de hambre», una «mosca muerta», «de mala
10 muerte», son términos muy comunes para referirse a un pobre, a un hipócrita o a una cosa sin valor, respectivamente. La última, «de mala muerte», interesa por su sentido figurativo. Refleja una actitud hacia la muerte que también se
15 expresa en la frase, «Dime cómo mueres y te diré quién eres», hecha famosa en un ensayo del mexicano Octavio Paz.[2] Las dos frases implican que de alguna manera la muerte define la vida y que una muerte mala implica una vida
20 mala o sin valor.

La actitud hispánica hacia la muerte se originó en la Edad Media. Durante la época medieval la muerte constituía el paso decisivo hacia la vida eterna; era el principio de la vida verdadera,
25 que sería gloriosa si uno había vivido bien en la tierra. A esta visión consoladora de la muerte, se unía otra: la de *La danza de la muerte*, un largo poema medieval. Aquí se presenta a la muerte como igualadora de todas las distinciones
30 sociales y económicas de la tierra. Ni el rey puede escaparse de la muerte y debe terminar en el mismo lugar que el hombre más humilde. En ese poema anónimo dice la muerte: «¡Oh, hombre! ¿Por qué curas de vida tan breve en
35 punto pasante?» Esta pregunta es repetida fre-

difuntos *deceased*

entierros *funerals*
asesinatos *murders*

mosca *fly*

sin valor *worthless*

Edad Media *(f) Middle Ages*

igualadora *equalizer*

ni *not even*

curas *worry*
breve *brief*
en punto pasante *which passes in a moment*

---

[1]¡que en paz descansen! *May they rest in peace. This phrase is typically used whenever mention is made of a dead person, especially a relative or friend. Others are:* Dios lo guarde. *God keep him.* Que descanse con Dios. *May he rest with God.*

[2]Octavio Paz (1914) *Perhaps the best-known contemporary Mexican writer. His book* El laberinto de la soledad *(trans.* The Labyrinth of Solitude, Grove Press, N.Y., 1961) *contains some interesting insights into the Mexican character, most of which apply also to the Hispanic character. The phrase means: "Tell me how you die, and I'll tell you what you're worth."*

cuentemente en la Edad Media: ¿por qué preocuparse de la vida breve en la tierra cuando la otra eterna lo espera a uno después de la muerte?

5   Tal vez la expresión más conocida de esta actitud esté contenida en los versos de un poeta español del siglo XV, Jorge Manrique,[3] que dice en sus *Coplas:*

Nuestras vidas son los ríos

10   que van a dar en la mar,   van a dar *end up*

        que es el morir;

allí van los señoríos   señoríos *dominions*

derechos a se acabar   derechos *straight*

        y consumir;

15   allí los ríos caudales,   caudales *rushing*

allí los otros, medianos   medianos *medium size*

        y más chicos;   chicos *small*

allegados, son iguales   allegados *friends, fellow*

los que viven por sus manos   men

20   y los ricos.

Sigue el poema con una lista de los aspectos transitorios del mundo: la hermosura física, la   transitorios *temporary* fuerza juvenil, la riqueza, el poder político, etc. Lo único de esta vida que se considera per-

25 manente es la gloria ganada en las luchas contra los moros.

    Estos ejemplos revelan que la actitud medieval convertía a la muerte en algo casi deseable: «al morir, descansamos» dice Man-

30 rique. En la época moderna la vida asume más importancia, pero aún existen rastros de la idea   rastros *traces* medieval, que son suficientes para mantener cierta atracción hacia la muerte, o al menos dis-   al menos *at least* minuir el miedo que se le tiene.

35   En la sociedad hispánica moderna la muerte fascina, intriga y, aún más, desafía al hombre.   desafía *challenges* Los riesgos implícitos en la corrida de toros   riesgos *risks* ejemplifican esta atracción. El hombre y el toro luchan a muerte, y el hecho de que el toro   hecho *fact*

---

[3]Jorge Manrique (1440–1478) *A famous medieval Spanish poet. His* Coplas a la muerte de su padre *contain a cogent expression of the medieval attitude toward life and death.*

muera más frecuentemente no cambia el simbolismo. Muchos toreros han muerto en la corrida a través de los años.

toreros *bullfighters*

II. Las actitudes indígenas

5 Los indígenas americanos también tenían sus
propias ideas acerca de la muerte, y después de
la conquista, éstas pasaron a formar parte de la
cultura hispánica.

De los mayas se sabe poco; sólo lo que revela
10 el Obispo Diego de Landa, que investigó esa
cultura en el siglo XVI. Según Landa, los mayas
demostraban gran tristeza ante la muerte. Se
lamentaban ruidosamente y atribuían el hecho al
diablo o al dios del mal. Enterraban a la gente
15 común bajo el piso de su casa, la cual abandona-
ban después. A los nobles—los sacerdotes—los
enterraban con más cuidado, colocando las
cenizas en el centro de las pirámides. Algunas
tribus tenían la costumbre de hervir el cadáver
20 hasta poder separar la carne de los huesos, los
cuales usaban para reconstruir la cara del
muerto con resina. Guardaban estas figuras en
una especie de album familiar de los antepasados. Los mayas, al igual que otros grupos,
25 practicaban el sacrificio humano.

Los incas del Perú tenían un concepto de la
muerte muy semejante al europeo. Creían que
después de la existencia terrenal había otra vida
eterna. Si uno había vivido bien, terminaba en
30 el cielo, que ofrecía todos los placeres, y si no,
iba al infierno, que era un lugar muy frío.

Quizás los aztecas tuvieran el concepto más
interesante. Concebían la existencia como un
círculo: el nacimiento y la muerte eran sólo dos
35 puntos en ese círculo. Creían que la humanidad
había sido creada varias veces antes y que
siempre sufría un cataclismo terrible. Lo que
determinaba el lugar del alma no era la conducta

lamentaban *lamented*
ruidosamente *loudly*
enterraban *(they) buried*
piso *floor*

cenizas *ashes*
hervir *to boil*

resina *resin*

especie *(f) kind*
antepasados *ancestors*

terrenal *earthly*

placeres *(m) pleasures*
infierno *hell*

concebían *(they)
conceived*

cataclismo *catastrophe*

en la vida sino el tipo de muerte y la ocupación
que en vida había practicado la persona: los
guerreros muertos en batalla o sobre la piedra
de sacrificio iban al paraíso oriental, que era la
5 casa del Sol, donde vivían en jardines llenos de
flores. Después de cuatro años volvían a la tierra
en forma de colibríes.

guerreros *warriors*
paraíso *paradise*

colibríes *(m)*
hummingbirds
parto *childbirth*

Las mujeres que morían en el parto iban al
paraíso occidental, la casa del maíz. Al bajar a la
10 tierra, lo hacían de noche como fantasmas. Esta
tradición, junto con algunas historias españolas
del mismo tipo, han sido conservadas en la
leyenda de «la llorona», una mujer que camina
por la tierra de noche amenazando a las mujeres
15 y a los niños. Los ahogados o muertos por el rayo
iban al paraíso fértil de Tlaloc, el dios de la
lluvia.

llorona *crying or moaning*
woman
amenazando *threatening*
ahogados *drowned*
rayo *lightning*

El infierno de los aztecas quedaba al norte y
presentaba nueve pruebas para las almas antes
20 de que éstas pudieran llegar al descanso final:
ríos caudalosos, vientos helados, fieras que co-
mían los corazones, etc. Para ayudar al muerto en
estas pruebas era costumbre enterrar varios instrumentos y armas con el cadáver.

caudalosos *raging*
fieras *beasts*

pruebas *tests*

25 Aunque todas las civilizaciones indígenas conocían el sacrificio humano, ninguna lo practicó
tanto como los aztecas. Los sacrificios servían,
principalmente, como alimento para los dioses
que demandaban la vida contenida en la sangre
30 y el corazón humanos.

Buen ejemplo era el culto azteca de Huitzilopochtli, el dios del sol, guerrero que todos
los días tenía que luchar contra las estrellas y
contra su hermana la luna para dar otro día de
35 vida al hombre. Los aztecas se consideraban
elegidos del sol y por eso se dedicaban a la
guerra ritual—llamadas guerras floridas—no
para conquistar nuevos territorios sino para conseguir prisioneros para el sacrificio. Según los
40 cronistas, se hacían más de 20.000 sacrificios por
año. El público estaba obligado a asistir a estos

estrellas *stars*

elegidos *chosen*
floridas *select, elitist*

ritos bajo pena de castigos severos, lo que hace pensar que la muerte debería constituir una presencia constante en la vida diaria de los aztecas, como lo era también en la vida española. Al
5 mezclarse estas dos culturas la muerte siguió ocupando un lugar central en la vida.

pena *penalty*
castigos *punishment*

al mezclarse *upon mixing*

III.   Prácticas funerarias

La gran atención que se da a la muerte en la sociedad hispánica ha resultado en toda una
10 serie de prácticas y costumbres. Algunas reflejan creencias religiosas, mientras que otras dejan ver la tradición popular.

Una de las más conocidas es el velorio, una vigilia para honrar al difunto y consolar a sus
15 familiares. En algunos casos, durante el velorio se sirve comida y bebida, y para la mayoría de los asistentes constituye una ocasión social. Tal vez sea la necesidad de afirmar la vida propia la que lleva a la persona a no pensar mucho en el
20 muerto. De todos modos, es un acto indispensable entre las tradiciones familiares.

velorio *wake*
vigilia *vigil*

de todos modos *anyway*

Otra costumbre importante es la de publicar un anuncio en el periódico, a veces en la primera plana. Estos anuncios o «esquelas de de-
25 función» llevan el nombre del difunto y de los miembros de su familia. Como las esquelas son pagadas, el tamaño tiende a reflejar la posición económica de la familia. Es común también encontrar otros anuncios publicados por los
30 amigos, los empleados, los socios o los parientes del muerto.

anuncio *announcement*
plana *page*
esquelas de
     defunción *death notices*

tamaño *size*

socios *partners*

La costumbre de vestirse de luto también es muy común en la sociedad hispánica. La viuda guarda luto relativamente severo durante uno,
35 dos, o más años y toda la familia tiene la obligación de llevar una vida restringida, sin fiestas ni diversiones durante cierto tiempo.

luto *mourning clothes*
viuda *widow*
guarda luto *observes
     mourning*
restringida *restricted*

También se acostumbra ofrecer misas especiales por el alma del difunto, y encender

misas *masses*
encender *to burn*

velas votivas. Con todo esto se trata de asegurar la entrada del alma en el paraíso.

velas votivas *votive candles*

Una superstición muy común es que las almas que no pueden entrar en el paraíso están con-
5 denadas a vagar por la tierra de noche. Cuando una persona muere a manos de un asesino y no recibe la extremaunción, o sean los ritos finales, su alma vuelve a la tierra para vengarse del responsable. Estas almas «en pena» son la fuente
10 de muchos cuentos y leyendas que se utilizan para inspirar miedo a los niños malcriados.

vagar *to wander*

extremaunción *last rites*

«en pena» *in agony*

malcriados *misbehaving*

Otra costumbre relacionada con la muerte es la de celebrar el «Día de los Muertos» el dos de noviembre.[4] Durante ese día se recuerda a los
15 muertos o a la muerte como fenómeno. En algunos sitios se hacen dulces y panes en forma de calaveras y esqueletos, y en los pueblos pequeños la gente pasa el día en el cementerio, donde limpian alrededor de los sepulcros y
20 ponen flores frescas en la tumba de los familiares. Como en el velorio, el ambiente se vuelve casi festivo. Esto sugiere que la actitud hacia la muerte no podría llamarse mórbida. La muerte se considera cosa natural y hasta or-
25 dinaria. Los sicólogos contemporáneos sugieren que la tendencia norteamericana a clasificar a la muerte como un tabú para los niños crea efectos negativos en el adulto, ya que éste no aprende a vivir con la muerte y no sabe enfrentarla cuando
30 se presenta. Este problema no existe para el niño hispánico. Al contrario: la muerte puede convertirse en una obsesión. Un posible efecto sicológico es que la muerte ejerza gran atracción sobre la persona, lo que podría conducir al
35 suicidio.

calaveras *skulls*
esqueletos *skeletons*

sepulcros *graves*

enfrentarla *to face it*

Un fenómeno interesante en el mundo hispánico es la preocupación por los restos mortales. En los casos de personas ilustres se pueden crear verdaderas polémicas sobre su destino. Tal es el

restos *remains*

---

[4]Día de los muertos *Also called* Día de los difuntos, *known in English as All Soul's Day. This religious holiday is a more important event in the Hispanic world than in the United States.*

caso de Cristóbal Colón, descubridor de América. Hoy día existen dos tumbas que guardan los restos de Colón, una en la catedral de Sevilla y la otra en Santo Domingo. Colón murió en España, pero su familia hizo trasladar el cadáver a Santo Domingo, la primera colonia del Nuevo Mundo.[5] En 1795 España cedió la mitad española de la isla de Santo Domingo a Francia. Las autoridades creían que debían salvar los restos de Colón y los trasladaron a Cuba, una colonia segura en esa época, donde fueron enterrados. En 1898, al comenzar la guerra de la independencia cubana, las autoridades decidieron llevar los restos a Sevilla para que no cayeran en manos de los norteamericanos. Sin embargo, en 1877 las autoridades de Santo Domingo habían encontrado un ataúd que se decía contenía los restos de Colón, lo que quiere decir que los que se habían enterrado en Cuba en 1795 eran los de otra persona. Todavía no se sabe con seguridad en cuál de las dos tumbas están verdaderamente los restos de Colón.

Otro caso interesante es el de los restos de Evita Perón, popularísima esposa del Presidente Juan Perón de la Argentina. En 1955 el ataúd de Eva Perón fue enterrado secretamente en Italia por órdenes del General Aramburu, el jefe del movimiento que depuso a Perón en ese año. Cuando Perón estaba exilado en España, recibió del gobierno italiano los restos de Evita, que fueron depositados en una iglesia jesuita en España.

Cuando regresó a la Argentina, Perón prometió al pueblo el traslado de los restos de Evita. Después que murió Perón, en julio de 1974, un grupo extremista robó el cadáver del General Aramburu de su mausoleo y demandó de Isabel Perón la devolución de los restos de Evita a cam-

---

trasladar *to transfer*

cedió *ceded*

enterrados *buried*

no cayeran *would not fall*

ataúd *(m) coffin*

depuso *overthrew*

devolución *(f) return*

---

[5]Santo Domingo *An island in the Caribbean where the first Spanish-American government was located. It is now divided between two countries—the Dominican Republic and Haiti (formerly a French colony).*

bio de los de Aramburu. La presidenta consintió y el mismo día que llegó el ataúd de Evita a la Argentina (noviembre de 1974) los restos de Aramburu fueron devueltos. El entierro de Eva Perón en Buenos Aires tuvo lugar cuatro meses después del de Perón.

consintió *agreed*

devueltos *returned*
tuvo lugar *took place*

IV. La atracción de la muerte

Como ya se ha mencionado, la corrida de toros es básicamente un desafío a la muerte. También se cuentan hombres hispánicos entre los que practican otros deportes peligrosos como las carreras automovilísticas, el alpinismo, etc. Parecen sentir la necesidad de desafiar o de atraer a la muerte. Octavio Paz sugiere que la propensión del mexicano hacia la pelea violenta con navajas o pistolas durante las fiestas y el uso excesivo de las bebidas alcohólicas reflejan esta misma actitud. Aunque Paz habla del mexicano, su concepto es válido para toda Hispanoamérica: «Para el habitante de Nueva York, París o Londres, la muerte es la palabra que jamás se pronuncia porque quema los labios. El mexicano, en cambio, la frecuenta, la burla, la acaricia, duerme con ella, la festeja, es uno de sus juguetes favoritos y su amor más permanente.» Paz tiene la idea de que la muerte no asusta al mexicano porque «la vida le ha curado de espantos».[6] Los estudios sicológicos revelan que la presencia de la muerte se encuentra con más frecuencia en los sueños de la gente hispánica.

En la historia se ven repetidos casos de suicidio, a pesar de la prohibición católica contra ese acto. El poeta colombiano José Asunción Silva (1865–1896) pidió a su médico que le trazara en la ropa interior el lugar exacto del corazón y volvió a casa para pegarse un tiro en el lugar

carreras *races*
alpinismo *climbing*

pelea *fight*
navajas *knives*

quema *burns*
frecuenta *courts*
burla *mocks*
acaricia *caresses*
festeja *celebrates*
juguetes *toys*
asusta *scare*

trazara *trace*
ropa interior *underwear*
pegarse un tiro *to shoot himself*

---

[6]«la vida le ha curado de espantos» *"life has cured him of shocks"; that is, he has suffered every possible misfortune in life so death cannot be anything worse.*

marcado. El cuentista argentino Horacio Quiroga (1878–1937) pasó varios años obsesionado con la muerte y produjo una serie de cuentos sobre el tema antes de suicidarse.

5   En conclusión, un aspecto interesante de la cultura hispánica es su actitud hacia la muerte. Se la ve como una cosa natural, ubicua y aceptada   ubicua *ubiquitous* por todos. La muerte ejerce una atracción inne-   innegable *undeniable* gable para los hispanoamericanos. Como cree 10 Octavio Paz, tal vez sea «una indiferencia hacia la vida lo que elimina el miedo a la muerte». Pero también puede ser a causa de las tradiciones, tanto españolas como indígenas, que ven en la muerte la definición de la vida: lo que da sentido 15 y valor al presente. El poeta mexicano José Gorostiza (1901–1973) describe la vida como una «Muerte sin fin» en un largo poema del mismo título. Es muy necesario comprender, o al menos conocer, esta actitud para poder entender la cul- 20 tura hispánica.

EJERCICIOS

I.   Preguntas

1.   ¿Por qué sirve la muerte como buen punto de comparación entre las culturas?
2.   ¿Cuál es la primera sorpresa que experimenta el extranjero al conocer la actitud hispánica sobre la muerte?
3.   ¿Puede usted explicar su propia actitud sobre la muerte?
4.   ¿Qué significa «Dime cómo mueres y te diré quién eres»?
5.   ¿Cuál era el concepto de la muerte en la Edad Media?
6.   ¿Qué dice el autor de *La danza de la muerte*?
7.   Según Manrique ¿por qué no importan la belleza, la riqueza y el poder?
8.   ¿Qué actitud hacia la muerte ejemplifica la corrida de toros?
9.   ¿Cómo enterraban los mayas a los nobles?
10.   ¿Qué determinaba el lugar final del alma para los aztecas?
11.   ¿Quiénes practicaban el sacrificio humano?
12.   ¿Para qué servían las guerras floridas de los aztecas?

13. ¿Quiénes asistían a los sacrificios?
14. ¿Qué es una esquela de defunción?
15. ¿Quién es «la llorona»?
16. ¿Ha asistido usted a muchos entierros?
17. ¿Cómo se celebra el dos de noviembre en el mundo hispánico?
18. ¿Por qué se han trasladado tantas veces los restos de Colón?
19. ¿Cómo se suicidó José Asunción Silva?
20. ¿Por qué es importante comprender el concepto hispánico de la muerte?

II. Puntos de contraste cultural

1. ¿Qué actitud hacia la muerte es más saludable, la hispánica o la norteamericana?
2. ¿Cómo se comparan Halloween y el Día de los Muertos?
3. ¿Sabe usted dónde están los restos de George Washington o de Abraham Lincoln?

III. Ejercicios de vocabulario

A. Indicar los sinónimos.

1.	muerto	a.	diario
2.	cotidiano	b.	asustar
3.	funeral	c.	sin valor
4.	de mala muerte	d.	hermosura
5.	mandar	e.	tumba
6.	belleza	f.	difunto
7.	suficiente	g.	nota
8.	esquela	h.	entierro
9.	sepulcro	i.	bastante
10.	espantar	j.	regir

B. Dar la forma con -*mente*.

Ejemplo: rápido—rápidamente

1. frecuente
2. actual

    3. violento
    4. nuevo
    5. tradiciónal
    6. cultural
    7. ritual
    8. peligroso
    9. eterno
  10. repetido

C. Completar con la forma correcta de la palabra entre paréntesis.

    1. (atraer) La muerte ejerce una _____ fuerte.
    2. (victoria) Anuncia su regreso _____.
    3. (ubicuo) Es notable la _____ de la muerte.
    4. (enfermo) Las _____ a veces traen la muerte.
    5. (consolar) La viuda necesita el _____ de los amigos.
    6. (igual) La muerte puede verse como la gran _____.
    7. (investigación) Es necesario _____ el concepto.
    8. (ruido) Los mayas lamentaban _____ la muerte.

D. Elegir la palabra más apropiada de la lista.

contraste	mezcla	fantasma
acostumbrado	diaria	enterrar
disminuir	alma	obsesión
elegido		

    1. Los aztecas se creían el pueblo _____ del Sol.
    2. La cultura hispanoamericana es una _____ de la cultura indígena y la española.
    3. El concepto de la muerte presenta un punto de _____ cultural.
    4. El niño del mundo hispánico está _____ a la muerte.
    5. La llorona es un _____ conocido.
    6. La muerte está presente como parte de la vida _____.
    7. La preocupación con los restos mortales se vuelve a veces una _____.

8. Las velas votivas se encienden para ayudar al
   _____ del difunto.
9. Los métodos de los mayas para _____ a los nobles eran más cuidadosos.
10. El contacto con la muerte es útil para _____ el miedo natural.

IV. Ejercicios de composición dirigida.

A. Completar la frase con las palabras entre paréntesis.

1. La gente hispánica . . .
   (vivir, muerte, pensando, parece, en)
2. La actitud hispánica hacia la muerte refleja . . .
   (Edad, tradición, se, Media, originó, en)
3. En la sociedad hispánica moderna . . .
   (fascina, intriga, desafía, muerte, hombre)
4. Las guerras floridas no eran para . . .
   (territorios, sino, nuevos, conseguir, para, sacrificio, prisioneros, conquistar, para)
5. Una superstición muy común es que . . .
   (noche, condenadas, vagar, tierra, almas, paraíso, no, están, entran)

B. Completar las frases:

1. La tendencia a esconder la muerte de los niños . . .
2. Los incas del Perú tenían un concepto de la muerte . . .
3. Durante la Edad Media la muerte no era cosa de temer porque . . .
4. Los aztecas creían que los guerreros muertos en la batalla iban . . .
5. Huitzilopochtli tenía que luchar contra . . .

Un barrio pobre, Lima

De compras, Caracas

UNIDAD 7

Aspectos económicos de Hispanoamérica

Una de las mayores preocupaciones políticas y sociales de los gobiernos de Hispanoamérica ha sido el desarrollo económico. Aunque es una región riquísima en materias primas, mucha gente
5 vive en extrema pobreza, lo que hace difícil cualquier tentativa de mejorar la condición de vida del país. Ésta es la causa de muchos de los problemas que frecuentemente asedian a los gobiernos. Tiene sus raíces en la más remota his-
10 toria del dominio español en el hemisferio.

riquísima *very rich*
materias primas *raw materials*
pobreza *poverty*

asedian *besiege*

I.   La época colonial

Uno de los motivos básicos de los viajes de Cristóbal Colón fue el económico. El interés en el comercio hizo que se buscara una nueva ruta a
15 las tierras del Oriente. Al darse cuenta del descubrimiento de un «nuevo mundo» los Reyes

ruta *route*

Católicos, Fernando e Isabel,[1] lo llamaron
«las Indias».[2]

Lo primero que atrajo la atención de los
agentes de los monarcas fue la gran riqueza mine-
5 ral que representaban el oro, la plata y las pie-
dras preciosas que usaban los indígenas de las
civilizaciones azteca e inca. Casi inmediatamente se comenzó a desarrollar una gran industria minera. En la ciudad de Potosí, en lo
10 que hoy es Bolivia, se descubrió en 1545 una
verdadera montaña de oro y plata. En un siglo
llegó a ser la ciudad más grande del hemisferio,
con más de 150.000 habitantes y un teatro donde
la entrada costaba unos cincuenta dólares.

15 Al mismo tiempo, los españoles vieron que las
extensas tierras tenían enormes posibilidades
para el desarrollo económico. Se dedicaron
desde el principio a la cría de toda clase de
animales domésticos que trajeron de España,
20 especialmente en la región del Río de la
Plata—hoy los países del Uruguay y la
Argentina—, donde la cría de ganado vacuno
hizo de esa región la mayor fuente de carne,
cueros y pieles del mundo. Además introduje-
25 ron en todas partes la oveja, el cerdo y las aves
de corral.

En la agricultura, los reyes de España estimularon el cultivo de varios productos no conocidos en Europa, como la caña de azúcar, el
30 tabaco, el cáñamo y el lino. También hicieron
llevar a América semillas de casi todas las plantas
que existían en España.

La existencia de los indios proveyó a los colonos de mano de obra en cantidad suficiente.
35 Los indios tenían una tradición ya establecida de
entregar gran parte de sus productos a sus jefes,

riqueza *riches*

entrada *admission*

cría *raising*

ganado vacuno *cattle*
fuente *(f) source*
cueros *hides*
pieles *(f) leather*
oveja *sheep*
cerdo *swine*
aves de corral *poultry*

caña *cane*
cáñamo *hemp*
lino *flax*
semillas *seeds*

proveyó a los colonos de
mano de obra *provided
the colonists with manual
labor*

[1]los Reyes Católicos, Fernando e Isabel   *The marriage of Fernando of Aragon and Isabel of Castile
in 1469 unified Spain as a single nation. Fernando and Isabel were king and queen of Spain in 1492
when America was discovered and were responsible for the creation of colonial policy.*

[2]las Indias   *The official name of the new world colonies. It was given because they were originally
thought to be the East Indies, for which Columbus was searching.*

así que fue fácil para ellos sustituir un amo por otro.

amo   *master*

A pesar de todo esto, el desarrollo se vio obstaculizado por tres teorías económicas
5 dominantes en esa época. Primero, el monarca español consideraba a las colonias como posesión personal y prohibía el comercio con otros países. Por eso, todo lo que producían las colonias tenía que beneficiar directamente a la madre patria.
10 Segundo, se pensaba que el camino a la riqueza nacional consistía en acumular lo producido en vez de venderlo. Esta idea tenía valor cuando se trataba del oro, pero hizo que se olvidara la producción de comestibles y de productos fabri-
15 cados. Y tercero, la práctica de dar grandes parcelas de tierra a los que servían bien al monarca resultaba en una concentración de tierras en manos de personas que ni deseaban ni necesitaban trabajarlas. El sistema de la en-
20 comienda[3] exigía que los indios trabajaran para el encomendero, e invitaba a éste a vivir cómodamente de sus rentas. Aunque no constituía la esclavitud para los indios, tenía casi el mismo efecto. Pronto se convirtió en un sistema de
25 trabajo forzado basado en la deuda que pasaba de generación en generación. Además, el mayorazgo,[4] que hacía heredero de toda la tierra al hijo mayor, era un sistema que mantenía la concentración de la propiedad por muchos años.
30 La organización económica de las colonias favorecía la dependencia de los minerales donde éstos existían. En otros lugares, se dependía de un solo producto, como el ganado o la caña de azúcar. En este estado se encontraban muchos
35 países cuando ganaron la independencia en el siglo XIX.

obstaculizado   *hindered*

hizo que   *it caused*
comestibles   *(m) food*
fabricados   *manufactured*

exigía   *demanded*
encomendero   *holder of a
   land grant*
rentas   *income*
esclavitud   *(f) slavery*

forzado   *forced*
deuda   *debt*

ganaron   *gained*

[3]encomienda   *The feudal system of granting land and its inhabitants to a loyal and faithful colonist. The latter received a tax from the natives who lived on and tilled the land and in return was obligated to protect and defend his serfs.*

[4]mayorazgo   *Entailed estates which belonged by inalienable right to the first-born son of the landowner.*

II. El siglo XIX

En el primer cuarto del siglo XIX todas las naciones del continente—menos las islas del Caribe—ganaron la independencia política de España. La verdadera independencia económica, sin embargo, tardó mucho más y aún no existe en algunos países. Las economías estaban basadas en el sistema colonial de exportar un producto e importar todo lo demás, y no se podían cambiar rápidamente. Había otros países que estaban listos para reemplazar a los españoles en una forma de dominación económica no muy distinta de la anterior. Inglaterra, por ejemplo, veía en Hispanoamérica una fuente de productos agrícolas necesarios para sus habitantes. En el siglo XX, los Estados Unidos harían lo mismo.

Al desaparecer el gran aparato administrativo español, los nuevos gobiernos necesitaban urgentemente dinero y mercados para sus productos. La tierra había quedado principalmente en manos de los criollos,[5] descendientes de los antiguos colonizadores. Fue necesario que los gobiernos entraran en acuerdos monopolísticos con los países europeos para estimular el desarrollo del producto que necesitaban exportar. Como casi todo lo que exportaban servía para pagar la importación de artículos fabricados especialmente para los ricos, no hubo nunca mucho intercambio económico con los otros países vecinos. Esto no existió durante la época colonial debido al monopolio de España y no fue favorecido tampoco en el siglo XIX. Queda como una de las debilidades más serias en las economías hispanoamericanas. El resultado fue que cada país tenía dos economías: una internacional, en la que participaban los ricos, y otra interna, de intercambio de mercancías, que se basaba en las necesidades más elementales. A

cuarto *quarter*

Caribe *(m) Caribbean*

tardó *was delayed*

lo demás *the rest*

reemplazar *to replace*

antiguos *former*
acuerdos *agreements*

fabricados *manufactured*

debilidades *(f) weaknesses*

mercancías *merchandise*

[5]criollos *Creoles: in colonial Spanish America, people of pure European descent born and raised in the colonies.*

los propietarios ricos, que dependían del extranjero, no les interesaba el desarrollo interno del
país, y no lo facilitaban con la construcción de
caminos y sistemas bancarios. Por esto, los   bancarios *banking*
5 pequeños propietarios no tenían otra alternativa
más que vender sus productos a las grandes
compañías exportadoras al precio que éstas les
ofrecieran. Esto resultó en un estancamiento   estancamiento *stagnation*
económico casi total durante gran parte del
10 primer siglo de la independencia. Además,
como los ricos controlaban la economía, los
gobiernos reformistas no tenían suficientes re-   recursos *resources*
cursos para poder hacer mejoras, ya que la poca
actividad económica no daba impuestos   impuestos *taxes*
15 suficientes para la tarea.

III. El siglo XX

Sólo a fines del siglo XIX comienza a tener importancia para varios gobiernos de Hispanoamérica la idea del desarrollo económico.
20 Los que estudiaban el problema encontraron
tres elementos que parecían contener la solución. Hasta cierto punto estos elementos siguen
siendo lema de los partidos reformistas de hoy   lema *(m) slogan*
día. El primero y más importante era el de es-
25 timular la industrialización interna para reducir
la importación de todos los productos fabricados:
maquinaria, automóviles, aparatos domésticos,   maquinaria *machinery*
etc. Esto a su vez permitiría que se usara parte   aparatos *appliances*
de los recursos para otras cosas además de la ex-
30 portación. La dificultad era que se necesitaba
invertir grandes capitales sólo disponibles en el   invertir *to invest*
extranjero, y esto era un proceso muy lento.   disponibles *available*
    Otro paso deseable era el desarrollo de una   paso *step*
agricultura variada que pudiera proveer al país
35 de alimentos sin tener que importarlos. Esto
sólo se puede hacer por medio de una «reforma
agraria»,[6] es decir, por la redistribución de las
tierras concentradas en manos de pocas familias.

---

[6]reforma agraria *The general term used to mean some kind of redistribution of land into smaller parcels owned by a larger number of people.*

Se creía que si se les daba pequeños pedazos de tierra a muchas personas, ésta sería utilizada más eficazmente. Pero han existido siempre dos obstáculos para esto: los pequeños propietarios
5 no tienen ni los recursos ni los conocimientos técnicos necesarios para producir más de lo que consumen ellos mismos. Aún cuando logran producir más, les falta transporte a los mercados urbanos. A veces, cuando se ha establecido una
10 reforma agraria, la producción agrícola, en lugar de subir, ha bajado. Entonces, los pequeños propietarios se ven obligados a vender su tierra al que tenga lo necesario para cultivarla.

    El tercer elemento era el de establecer una
15 mejor posición frente a las naciones avanzadas, especialmente frente a los Estados Unidos. Esto probablemente se podría conseguir con una unión económica de los países hispanoamericanos, semejante a la que han formado las
20 naciones europeas. La tradición de competencia por los mismos mercados, sin embargo, hace difícil este paso. Además, en muchos países, el capital extranjero tiene interés en impedir que se desarrolle el mercado, ya que esto dis-
25 minuiría su dominio. En 1960 fue formada la Asociación Latinoamericana de Libre Comercio,[7] que es una tentativa hacia la integración económica, pero que ha tenido muchas dificultades en establecerse.

30   Es obvio que con los problemas mencionados ninguna solución será muy rápida. Al mismo tiempo el crecimiento de la población en la mayoría de los países amenaza anular cualquier mejora que se consiga. La pobreza crece y las
35 tensiones aumentan día a día creando una situación que puede llegar al punto de estallar.

logran *they manage*

en lugar de *instead of*

conseguir *achieve*

semejante *similar*
competencia *competition*

disminuiría *would diminish*

tentativa *attempt*

amenaza *threatens*
anular *to nullify*

estallar *to explode*

IV.   La cultura de la pobreza

La pobreza en Hispanoamérica tiene una larga tradición, tan larga que, según la opinión de

[7]Asociación Latinoamericana de Libre Comercio (ALALC) *Latin American Free Trade Association (LAFTA); a loosely-structured common market to which most of the nations of Latin America belong.*

muchos observadores, adquiere aspectos de una
cultura o subcultura. Este estilo de vida o cultura pasa de generación en generación y sirve
de mecanismo de sobrevivencia en un mundo
5 hostil. El antropólogo Oscar Lewis[8] ha sugerido
que esta cultura no varía mucho de un país a
otro; las medidas adoptadas por la gente en
situaciones similares muestran una cierta universalidad, y la pobreza en cualquier nación
10 moderna presenta las mismas dificultades
humanas.

El profesor Lewis describe varias características de la pobreza en la capital de México que
pueden ser observadas fácilmente en cualquier
15 otro país hispanoamericano. La tercera parte de
la población es pobre; esta gente tiene una mortalidad más alta y un promedio vital más bajo
que los otros dos tercios. Contiene por lo tanto
una mayor proporción de jóvenes.

20 Por su falta de instrucción los pobres tienden
a existir al margen de la sociedad en que viven.
No son miembros de los sindicatos de trabajadores ni de los partidos políticos. Tampoco
hacen uso de los elementos considerados como
25 índices del progreso: los bancos, los hospitales,
las tiendas grandes, los aeropuertos o los
museos.

El sector pobre de la población tiene varias
características económicas. Una es la escasez de
30 empleo. Por eso hay un gran porcentaje de niños
que trabajan para ayudar a la familia. Los que
pertenecen a esta cultura no saben ahorrar dinero y tienden a vivir al día o aún de comida en
comida, comprando lo necesario varias veces al
35 día. Viven en el presente. Su actitud hacia el
futuro es fatalista, y tienen poco interés en
planear su vida.

Socialmente, hay una tendencia a recurrir a la
violencia para resolver los conflictos—entre ve-
40 cinos, entre esposos, entre padres e hijos. La

adquiere *acquires*

sobrevivencia *survival*

medidas *measures*

tercera parte (f) *one third*
mortalidad (f) *death rate*
promedio vital *life
   expectancy*
por lo tanto *therefore*

sindicatos de trabajadores
   labor unions

escasez (f) *scarcity*

pertenecen *belong*
ahorrar *to save*
al día *day by day*

planear *to plan*
recurrir *to resort*

[8]Oscar Lewis *A North American anthropologist who has studied poverty in Mexico extensively. His
books:* Five Families *and* The Children of Sánchez *are major contributions to the understanding of
the culture of poverty.*

madre ejerce la mayor influencia en las familias, de las cuales una alta proporción no tiene padre. El alcoholismo es común porque la bebida hace más tolerables las condiciones de vida.

5 Existe además bastante desconfianza hacia las instituciones políticas y sociales como la policía, las agencias del gobierno y aún la iglesia. Hay una actitud cínica hacia las medidas para mejorar las condiciones de vida que son aprobadas por la 10 sociedad establecida. Al mismo tiempo, hay una creciente conciencia entre los pobres de su situación económica, y de la gran diferencia entre ellos y las clases media y alta. Esta creciente conciencia ha hecho que los partidos 15 tradicionales tengan que pensar al menos en alguna solución. El hecho que los pobres han sido el blanco principal de movimientos revolucionarios que utilizan las tácticas guerrilleras es una preocupación constante de casi 20 todos los gobiernos actuales de Hispanoamérica.

desconfianza *mistrust*

aprobadas *approved*

creciente *growing*

blanco *target*
guerrilleras *guerilla*

EJERCICIOS

I. Preguntas

1. ¿Cuál es uno de los problemas más importantes en Hispanoamérica?
2. ¿Cuál fue uno de los motivos básicos de los viajes de Colón?
3. ¿Qué elemento atrajo la atención de los agentes reales?
4. ¿Cómo utilizaron los españoles las tierras al principio?
5. ¿Qué papel tenían los indios?
6. ¿Por qué prohibió el rey de España el comercio entre las colonias y otros países?
7. ¿Qué era la encomienda?
8. ¿Cuándo ganaron la independencia las naciones hispanoamericanas?
9. ¿Qué países reemplazaron a los españoles en los asuntos económicos?
10. ¿Cuáles son las dos economías de los países hispanoamericanos?

11.   ¿Por qué era importante la industrialización?
12.   ¿Por qué era necesario estimular la agricultura?
13.   ¿Qué significa la «reforma agraria»?
14.   ¿Qué es la «cultura de la pobreza»?
15.   ¿Qué relación tiene esta cultura con las instituciones sociales?
16.   ¿Por qué no ahorran dinero los pobres, en general?
17.   ¿Por qué hay mucho alcoholismo entre ellos?
18.   ¿De qué proviene su actitud cínica?
19.   ¿Por qué tienen ahora más conciencia de su condición?
20.   ¿De qué movimientos han sido los pobres el blanco principal?

II.   Puntos de contraste cultural

1.   ¿Cuáles son algunas de las diferencias entre la organización económica de las colonias hispanoamericanas y las inglesas?
2.   El siglo XIX es una época de gran progreso en los Estados Unidos. ¿Existe el mismo progreso en Hispanoamérica?
3.   ¿Por qué no ha sido muy importante la idea de la reforma agraria en los Estados Unidos?
4.   ¿Por qué han tenido más éxito los guerrilleros en Hispanoamérica que en los Estados Unidos?

III.   Ejercicios de vocabulario

A.   Encontrar en el texto diez pares de palabras que deriven de la misma palabra básica.

Ejemplo: economía / económico

B.   Escribir la forma apropiada de la palabra en paréntesis.

Ejemplo: (economía)   el desarrollo **económico**

1.   (pobre)   la cultura de la _____
2.   (reforma)   un gobierno _____
3.   (producir)   aumentar la _____ de alimentos
4.   (colonia)   el gobierno _____
5.   (favor)   un elemento que _____ al progreso

6. (exportar)   estimular la _____ de minerales
7. (construir)   la _____ de caminos
8. (industria)   fomentar la _____ del país
9. (universo)   la pobreza muestra cierta _____
10. (crecer)   una _____ conciencia de sus condiciones

C.   Completar según los modelos.

1. tradición **tradicional**
   a. condición _____
   b. _____ proporcional
2. exportación **exportar**
   a. importación _____
   b. _____ concentrar
3. rico **riqueza**
   a. pobre _____
   b. _____ grandeza
4. importar **importador**
   a. exportar _____
   b. _____ vendedor
5. mina **minero**
   a. azúcar _____
   b. _____ ganadero

IV.   Ejercicios de composición dirigida

A.   Completar las frases con las palabras entre paréntesis.

1. Hispanoamérica es una región . . .
   (mucha, primas, materias, riquísima, pero, pobreza, tiene)
2. Lo primero que atrajo la atención . . .
   (españoles, monarcas, mineral, fue, riqueza, gran)
3. Los españoles trajeron semillas . . .
   (existían, todas, España, plantas, casi)
4. La tierra quedaba principalmente . . .
   (criollos, descendientes, antiguos, manos, colonizadores)
5. Un obstáculo a la industrialización es que . . .
   (capitales, requiere, grandes, extranjero)

B. Completar las frases.

1. Los españoles se dedicaron desde el principio a la cría
    de . . .
2. La práctica de dar grandes parcelas de tierra resultó
    en . . .
3. Los nuevos gobiernos, al desaparecer el gran aparato
    administrativo español . . .
4. Esto sólo se puede hacer por medio de una reforma agra-
    ria que es . . .
5. La cultura de la pobreza significa . . .

Fidel Castro, 1958

UNIDAD 8

Los movimientos revolucionarios del siglo XX

En gran parte del mundo hispánico existen las
condiciones necesarias para producir movimientos revolucionarios. La gran pobreza, los
gobiernos autocráticos, la poca movilidad
5 económica y otras condiciones favorecen la creación de grupos de guerrilleros urbanos y rurales.
Aunque la idea de «las revoluciones latino-
americanas» ha llegado a ser lugar común, para
poder entender la frase es necesario examinar
10 más de cerca algunos fenómenos políticos.

lugar común   *(m) cliché*

I.   Revolución y «golpe de estado»

golpe de estado   *coup
d'etat, palace revolt*

Durante nuestro siglo, en casi todos los países
hispanoamericanos se han efectuado más cambios de gobierno por la fuerza que por vía demo-
15 crática. Estos cambios, sin embargo, raramente
tienen las características de revoluciones verdaderas, sino que son simples golpes de estado.
Estos se pueden definir como cambios que sólo

por vía   *by way of*

sustituyen un elemento por otro sin que se modifiquen los verdaderos poderes socioeconómicos. Algunos observadores piensan que el golpe de estado ha reemplazado a las elecciones en varios
5 países. El procedimiento tiene una serie de reglas tradicionales y generalmente se lleva a cabo con gran eficacia.[1] Claro que se elimina el elemento popular porque el cambio es de una fuerza militar a otra, de un grupo económico
10 poderoso a otro grupo semejante o de un partido autocrático a otro de tendencias iguales. Lo esencial es que las bases del poder no cambian, sino sólo los individuos que lo ejercen.

    Las verdaderas revoluciones implican cam-
15 bios mucho más profundos en la distribución del poder. Ocurren de una clase social a otra, de los propietarios a los empleados, o de los oficiales a los soldados rasos del mismo ejército. Según la mayoría de los observadores de la política his-
20 panoamericana, ha habido sólo tres revoluciones en el siglo XX: la de México de 1910, la boliviana de 1952 y la cubana de 1959. Esto significa que en los tres casos se efectuó una modificación radical en la organización de los elementos del
25 poder. Han existido otros movimientos que casi alcanzaron niveles de revolución, como la elección y caída de Allende en Chile[2] y el movimiento peronista en la Argentina,[3] pero la gran mayoría de los cambios han sido más bien
30 golpes de estado.

reemplazado *replaced*

soldados rasos *common soldiers*

radical *basic*

II.   La revolución mexicana de 1910

Después de un largo período de dictadura, varios hombres del norte de México se levantaron

dictadura *dictatorship*
se levantaron *rose up*

---

[1]*It has been said that some coups are settled by a phone call between two generals who compare forces and declare a winner. Although some are violent, many involve little or no actual shooting.*

[2]Allende   *Allende came to power in 1970 by the electoral process but with a somewhat revolutionary platform which was beginning to change the actual power base until he was overthrown by the military in 1973.*

[3]movimiento peronista en la Argentina   *Juan Perón became president twice, in 1952 and in 1974, with a very specialized power base.*

en violenta revolución en el año 1910. La guerra duró varios años y terminó con una nueva constitución nacional en 1917. Como ocurre en muchos movimientos violentos, la ideología se
5 creó después de la guerra. Pancho Villa y Emiliano Zapata,[4] que luchaban al frente de ejércitos desorganizados y populares, se convirtieron en héroes nacionales. Los soldados respondían al carisma de los líderes sin saber
10 mucho de ideologías ni de teorías políticas. También sentían deseos de vengarse de la opresión que habían sufrido bajo la dictadura de Porfirio Díaz.[5] Sin embargo, la lucha produjo una ideología que favoreció a las clases bajas a
15 expensas de los ricos del régimen anterior.

    carisma *(m) magnetism*

    régimen *(m) regime*

La constitución de 1917, que todavía rige en México, incluyó varios artículos dedicados a la justicia social, especialmente para los trabajadores urbanos. Permitió por primera vez los
20 sindicatos, y éstos vinieron a ocupar un puesto de poder en la vida nacional. Además, se promulgaron leyes para disminuir el poder de dos grupos importantes del régimen anterior: la Iglesia y las compañías e individuos extranjeros.

    rige *rules*

    promulgaron *passed*

25 En el primer caso, se estableció un sistema de enseñanza pública que debía llegar a todo el pueblo. La educación había estado en manos de la Iglesia desde los principios de la colonia. En el segundo caso, se declaró que el suelo
30 mexicano, incluso los minerales del subsuelo, pertenecía al pueblo. Esto daba al gobierno el derecho de prohibir la explotación de petróleo por elementos extranjeros. Bajo el Presidente Lázaro Cárdenas (1934–1940) todo el petróleo
35 fue expropiado; ahora quedaba en manos del gobierno.

    suelo *ground, soil*

    incluso *including*

    petróleo *oil*

Muchos critican la revolución por haber sido un movimiento que sólo favoreció a la clase

---

[4]Pancho Villa y Emiliano Zapata *The two most popular revolutionary leaders of the Mexican Revolution of 1910. Neither was really an ideological leader, and both were eventually excluded from the new government. Both men, however, retain an almost mystical image to the present day.*

[5]Porfirio Díaz *President of Mexico from 1872 to 1911. His oppressive regime and his reluctance to relinquish the office formed the basic political motivation for the revolution.*

media, porque aunque liberó los bienes del país de manos extranjeras, también abrió el camino a los capitalistas nacionales. En otras palabras, no benefició al pueblo. Las únicas verdaderas
5 mejoras han sido un aumento del alfabetismo entre 1910 y 1950 y la construcción de un mayor número de hospitales y otras obras públicas. El mayor fracaso de la revolución está en su procedimiento con el campesino. Los esfuerzos
10 hacia la reforma agraria no han dado resultados satisfactorios, y el campesino no ha experimentado las grandes mejoras que se ven en las ciudades. No obstante, la revolución mexicana de 1910 sí llegó al pueblo y lo hizo consciente de
15 su propia identidad.

liberó *liberated*
bienes *goods, resources*

alfabetismo *literacy*

esfuerzos *efforts*

experimentado *experienced*

no obstante *nevertheless*
sí llegó *did indeed*

III.   La revolución boliviana de 1952

En 1952 Bolivia experimentó cambios radicales cuando el Movimiento Nacional Revolucionario se apoderó del gobierno. Durante la década del
20 30, Bolivia había luchado contra el Paraguay en la Guerra del Chaco. Aunque ganaron los paraguayos, la guerra tuvo efectos trágicos en los dos países. Los grandes depósitos petrolíferos del Chaco, que habían sido la causa de la guerra,
25 les interesaban más en realidad a las compañías extranjeras que a los bolivianos.[6] Después de una serie de gobiernos militares, todo esto llevó a una rebelión violenta en 1952 sobre dos bases principales: la reforma agraria y la expropiación
30 de las minas de estaño, el producto básico de la economía boliviana.

se apoderó de *took over*

petrolíferos *of oil*

estaño *tin*

La reforma agraria tuvo la suerte de muchos movimientos semejantes: los campesinos, viéndose de repente dueños de las tierras, no
35 supieron aprovecharlas por falta de experiencia y de capital. El resultado de esta situación fue

suerte *(f) fortune*
viéndose *finding themselves*

aprovecharlas *to take advantage of them*

[6]compañías extranjeras   *The Chaco War (1932–1935) between Paraguay and Bolivia was promoted by Standard Oil in Bolivia and Royal Dutch Shell in Paraguay. Each company wanted the oil in the Chaco area and had the concession from their respective governments.*

que la producción de comestibles bajó, lo que
elevó los gastos del gobierno y dificultó la inversión de dinero para ayudar a los campesinos.
Esto, junto con la necesidad urgente de dinero,
5 llevó a la expropiación de las minas de estaño,
que pertenecían a unas pocas familias ricas. Pero
también las minas requerían tecnología[7] y trabajadores baratos. Los mineros habían luchado del
lado del MNR y no estaban dispuestos a sacri-
10 ficarse por los campesinos. Además, el mercado mundial del estaño disminuyó con el descubrimiento de otros metales más útiles, lo que
hizo aún más difícil el proceso revolucionario.
Hasta ahora, la revolución en Bolivia no ha
15 tenido mucho éxito: los mineros están constan-
temente en huelga y los campesinos producen
sólo lo necesario para su propio consumo.

   Una verdadera revolución necesita un espíritu
de sacrificio personal de parte del pueblo. La
20 gente favorecida por el movimiento no puede
exigir beneficios inmediatamente después del
cambio de gobierno. La verdad es que, después
de una revolución, muchas veces hay una supresión de los derechos democráticos y de las exigen-
25 cias del pueblo. Esto es lo que ocurrió en Cuba
en 1959.

comestibles *(m) food*
inversión *(f) investment*

baratos *cheap*
dispuestos *ready*

en huelga *on strike*
consumo *consumption*

exigir *to demand*

IV. La revolución cubana de 1959

De todas las revoluciones hispanoamericanas de
este siglo, la que despertó más atención en los
30 Estados Unidos ha sido la revolución cubana del
26 de julio,[8] encabezada por Fidel Castro con la
ayuda de Ernesto Che Guevara. Hubo una diferencia importante entre la experiencia cubana
y la boliviana: en Cuba el movimiento ya estaba
35 en la conciencia del pueblo antes de llegar al

conciencia *consciousness*

[7]tecnología *As frequently happens, much of the technical personnel consists of foreign-born or trained people who tend to leave when the companies are nationalized.*

[8]26 de julio *This is the date, in 1953, of the first attack by the rebels and so became the name of the movement.*

poder. Cuando Castro entró victorioso en La
Habana, el primero de enero de 1959, todos sabían lo que se proponía. Además, la personalidad de Fidel y ciertas acciones suyas contri-
5 buyeron a atraerle el apoyo popular. La barba,
la gorra militar, el rechazo del lujo asociado con
su puesto, lo identificaron—sinceramente o no
—con el pueblo. El «Che» Guevara le ayudó
a reforzar esta identificación y la llevó aún más
10 lejos cuando fue a Bolivia a participar en la lucha
guerrillera que estalló allí cuando la revolución
no dio resultado. Al morir heroicamente en 1967
en esa lucha, el «Che» aumentó aún más la
imagen algo sobrenatural o mística que tenían
15 los líderes del 26 de julio. Todo esto ayudó al
gobierno revolucionario de Cuba a mantenerse
en el poder sin transformar una economía formada a través de varias décadas. Esta base de
apoyo casi mística no existía en el caso de Bo-
20 livia, tal vez porque faltaba la preparación
ideológica.

El problema básico de Cuba ha sido su producto principal: el azúcar. Antes de la revolución gran parte de la industria azucarera—tanto
25 el cultivo de la caña como la maquinaria para
refinarla—estaba en manos de compañías norteamericanas. El azúcar se vendía a los Estados
Unidos a precio elevado por acto del congreso
norteamericano. Cuando el gobierno cubano
30 expropió esta industria, el mercado se agotó y
desapareció el apoyo al precio. Entonces, Castro
buscó mercado en la Unión Soviética, lo cual
causó una reacción poco favorable de parte del
gobierno norteamericano. Para combatir la in-
35 fluencia rusa en el hemisferio, los Estados Unidos promovieron la completa suspensión de relaciones comerciales y diplomáticas entre Cuba
y los otros países americanos. Aunque algunos
obedecen esta sanción, es obvio que la mayoría
40 no están de acuerdo con ella. A pesar de esto, la
revolución cubana ha podido mantenerse en el
poder frente a muchos de los mismos problemas

se proponía *was planned*

barba *beard*
gorra *cap*
rechazo *rejection*

estalló *broke out*

a través de *throughout*

se agotó *dried up*

promovieron *urged*

obedecen *obey*

que han tenido otros movimientos revolucionarios. La falta de tecnología indígena, el problema de la maquinaria y la disminución del
mercado exterior por razones políticas han
5 dificultado el proceso. Quizás sea demasiado
temprano para predecir el fracaso o éxito del   predecir   *to predict*
movimiento, pero es imposible negar su vita-   negar   *to deny*
lidad después de más de quince años y varias
tentativas fracasadas de derrotarlo.   derrotarlo   *to defeat it*

10   **V.   Los guerrilleros**

Uno de los héroes del movimiento del 26 de
julio en Cuba fue Ernesto «Che» Guevara
(1928–1967), prototipo del guerrillero de la iz-
quierda violenta. Los rebeldes cubanos pasaron   rebeldes   *(m) rebels*
15 varios años en la sierra sirviendo como símbolo
de la oposición a la dictadura de Fulgencio
Batista, el presidente cubano. «Che» Guevara
sirvió en esa época como maestro espiritual y
material en los métodos de la guerra de guerri-
20 llas. La base de esta guerra, tan común en la
época contemporánea, es el ejército popular,
secreto y móvil, que cuenta con el apoyo del   cuenta con   *depends on*
pueblo para obtener provisiones. Guevara, en
su manual sobre la organización de los guerri-
25 lleros (libro que forma parte de la lectura básica
sobre el asunto), dice acerca de las posibilidades
de éxito: «Donde un gobierno haya subido al
poder por alguna forma de consulta popular,   consulta   *consent*
fraudulenta o no, y se mantenga al menos una
30 apariencia de legalidad constitucional, el brote   brote   *(m) outbreak*
guerrillero es imposible de producir por no
haberse agotado las posibilidades de la lucha   haberse agotado   *having*
cívica.» Es decir que la guerrilla no puede fun-   *exhausted*
cionar sin el apoyo del pueblo ni puede funcio-
35 nar contra un gobierno que mantenga la
apariencia de libertad.
Después de su época cubana, el «Che» se
trasladó a Bolivia, donde los rebeldes habían
mantenido una lucha de guerrilla constante
40 durante varios años. El «Che» pasó un año

entre ellos y fue muerto en un ataque en la selva.

Guevara creyó que las guerrillas debían limitarse al campo por ser éste el elemento más
5 favorable a sus actividades. Fuera de la experiencia cubana, sin embargo, los guerrilleros rurales no han tenido mucho éxito. Otro hombre, Carlos Marighela, del Brasil,[9] estableció las bases de la guerrilla urbana, la cual ha
10 atraído la atención de todo el mundo a través de secuestros y de las grandes cantidades de dinero que ha recibido de rescate. Sus blancos preferidos son los jefes de las grandes empresas norteamericanas en los países hispanoameri-
15 canos. El rescate se exige en millones de dólares de comida para los pobres o para los hospitales, con el propósito de ganar simpatía popular aún entre las personas que no estén de acuerdo con sus métodos.
20 Marighela abandonó el Partido Comunista tradicional y formuló la táctica del guerrillero urbano en un manual semejante al de Guevara. Su manual pone énfasis en la situación de la ciudad. Incluye todos los aspectos desde la pre-
25 paración del guerrillero y sus actividades, hasta los principales defectos o «siete pecados mortales» del soldado: la falta de experiencia, la tendencia a jactarse, la falta de paciencia, etc. Marighela recomienda el apoyo popular y ex-
30 plica cómo conseguirlo, con acciones populares que estimulen la represión policíaca cada vez más severa.

La influencia de estos teóricos revolucionarios se ve en las actividades de ciertos
35 grupos como los Tupamaros del Uruguay. En la Argentina y Guatemala también existen movimientos parecidos. En México llegaron a secuestrar al suegro del presidente en 1974. Va-

secuestros *kidnappings*
rescate *(m) ransom*
blancos *targets*

pecados *sins*

jactarse *to boast*

estimulen *stimulate*
cada vez más *more and more*

suegro *father-in-law*

[9]Carlos Marighela *a leading Brazilian communist until 1967 when he resigned to become a guerrilla leader. Orthodox communist parties tend to interpret conditions along Leninist lines (Latin America is not yet ready for revolution according to this view), and the guerrilla movement reflects a rejection of this idea. The alliance of the guerrilla leaders is more often with the Chinese communists.*

rios factores culturales se combinan para crear simpatía popular hacia los guerrilleros: el culto del machismo, la atracción del tipo «Robin Hood» y una tradición de cinismo hacia cualquier autoridad. La tendencia romántica que favorece a los tipos solitarios, individualistas—al Don Juan o al Don Quijote—abre suficientemente el corazón popular como para admitir también a los guerrilleros. El caso de un tal Lucio Cabañas en México es típico. Comenzó como un simple bandido, pero después de unos años de evadir a la policía, se convirtió en un héroe popular con fama de revolucionario, imagen que él mismo cultivó porque le garantizaba más seguridad.

evadir *to evade*
fama *reputation*

El significado básico de estos cambios en el modo de hacer revoluciones no estará claro hasta que se tenga la perspectiva de un futuro lejano. Los efectos actuales—hacer incómoda la vida de los ricos y crear oposición popular a los gobiernos considerados tiránicos—no parecen ser cambios profundos. Los gobiernos se modifican un poco y luego siguen como antes. Una de las reacciones es la de crear una fuerza antiguerrillera, frecuentemente secreta, que use los mismos métodos de terror que las guerrillas. En la batalla por el apoyo popular, la propaganda es muy importante.

lejano *distant*
incómoda *uncomfortable*

Uno de los efectos de estas actividades guerrilleras ha sido la tendencia a la fraternidad internacional. En otras palabras, el fenómeno del guerrillero existe en muchos países, incluso los industrializados, y la participación en el movimiento en un país crea un sentimiento de fraternidad en los otros. Como ejemplos de guerrilleros internacionales están el «Che» Guevara, Régis Debray y Camilo Torres.[10] El sentimiento de fraternidad es especialmente notable entre los estudiantes universitarios en Hispano-

fraternidad *solidarity*

[10]Régis Debray y Camilo Torres *Debray was a French writer who helped lead the guerrilla struggle in Bolivia with "Che" Guevara. Torres was a Colombian priest and sociologist who became a revolutionary leader.*

américa. Éstos han estado a la vanguardia de
los movimientos políticos de izquierda. Ahora,
además de cierto sentimiento de comunidad
con otros estudiantes hispanoamericanos, pue-
5 den tener el mismo sentimiento hacia los estudiantes franceses, japoneses o norteamericanos que prestan fuerza moral a sus acciones.
Aunque los problemas y motivos de protesta en
cada país son distintos, la reacción estudiantil es
10 semejante. Cualquier cambio social observado
entre el cuerpo estudiantil tiene que tomarse en   tomarse en serio   *to be*
serio, ya que este grupo es el que formará el   *taken seriously*
pueblo del futuro.

EJERCICIOS

I. Preguntas

1. ¿Qué fenómeno político en Latinoamérica se ha convertido
    en un lugar común?
2. ¿Qué es un golpe de estado?
3. ¿Qué aspecto del poder se cambia con el golpe?
4. ¿Cuántas revoluciones verdaderas ha habido en el siglo XX
    en Hispanoamérica?
5. ¿Cuándo ocurrió la revolución mexicana?
6. ¿Quiénes fueron Pancho Villa y Emiliano Zapata?
7. ¿Qué cambio en la educación produjo la revolución mexi-
    cana?
8. ¿Quiénes participaron en la Guerra del Chaco?
9. ¿Cómo reaccionaron los campesinos bolivianos cuando re-
    cibieron tierras?
10. ¿Qué hombres famosos se asocian con la revolución cubana?
11. ¿Cómo se llama el movimiento?
12. ¿Cuál es el producto más importante de Cuba?
13. ¿Por qué impuso los Estados Unidos una prohibición de re-
    laciones con Cuba?
14. ¿Cuál fue el papel del «Che» Guevara en la revolución
    cubana?
15. ¿Recuerda usted algunos secuestros famosos?
16. ¿Dónde murió el «Che» Guevara?
17. ¿Cuáles son los puntos de vista de Guevara y Marighela sobre
    los guerrilleros?

18. ¿Han actuado los guerrilleros en los Estados Unidos?
19. ¿Cómo se combaten las guerrillas?
20. ¿Quiénes han estado a la vanguardia de los movimientos políticos de izquierda en Hispanoamérica?

II. Puntos de contraste cultural

1. ¿Cuáles son las diferencias en el papel de la religión en la educación entre los Estados Unidos e Hispanoamérica?
2. ¿Por qué no ha habido necesidad de reforma agraria en los Estados Unidos?
3. ¿Cuál es la atracción de la figura de Robin Hood? ¿Existe esta imagen en las dos culturas?
4. Últimamente han existido grupos de guerrilleros en los centros urbanos de los Estados Unidos, pero nunca en el medio rural. ¿Por qué es distinta la situación en Hispanoamérica y los Estados Unidos?

III. Ejercicios de vocabulario

A. Indicar la palabra que corresponda a la definición.

1. un sistema de pensamiento político	a.	partido
2. un grupo basado en afinidad de ideologías	b.	secuestros
3. un partido de rebeldes secretos	c.	ideología
4. táctica de los guerrilleros	d.	guerra
5. lo que exigen para devolver a un secuestrado	e.	dictadura
6. los soldados como grupo	f.	represión
7. una actividad de un ejército	g.	guerrilleros
8. opuesto a la guerra	h.	paz
9. método de un gobierno tiránico	i.	ejército
10. un gobierno que usa represión	j.	rescate

B. Completar con la forma apropiada de la palabra entre paréntesis.

1. (economía)   las condiciones _____
2. (violencia)   una rebelión _____

3. (espíritu)   el maestro _____
4. (constitución)   poderes _____
5. (universidad)   los estudiantes _____

C. Completar según los modelos.

1. preparar **preparación**
    a. indicar   _____
    b. _____   identificación
    c. educar   _____
    d. _____   declaración
    e. organizar   _____
    f. _____   expropiación
    g. participar   _____

2. producir **producción**
    a. construir   _____
    b. _____   prohibición
    c. constituir   _____
    d. _____   definición
    e. distribuir   _____
    f. _____   disminución

D. Indicar los sinónimos.

1. cambios   a. nación
2. diferencia   b. líder
3. jefe   c. rebeldes
4. guerrilleros   d. modificaciones
5. suficiente   e. disminución
6. obrero   f. distinción
7. baja   g. bastante
8. país   h. trabajador

IV. Ejercicios de composición dirigida

A. Completar las frases con las palabras entre paréntesis.

1. Se han efectuado más cambios de gobierno por la fuerza
    . . .
    (que, todos, hispanoamericanos, casi, países, en, demo-
    crática, vía)

2. En el primer caso, se estableció . . .
    (sistema, pública, llegar, debía, pueblo, todo, enseñanza)
3. Los guerrilleros exigen un rescate . . .
    (simpatía, que, entre, estimule, pueblo)
4. Una reacción es crear . . .
    (anti-guerrillera, use, mismos, que, fuerza, terror,
    métodos)
5. Los estudiantes universitarios . . .
    (vanguardia, siempre, políticos, izquierda, movimientos,
    estado, han)

B. Completar las frases

1. El golpe de estado se puede definir como . . .
2. Pancho Villa se convirtió en . . .
3. La reforma agraria en Bolivia no tuvo mucho éxito porque
    . . .
4. Una diferencia importante en la revolución cubana era
    . . .
5. Los guerrilleros crean simpatía popular debido a . . .

UNIDAD 9

La enseñanza en el mundo hispánico

La organización y los métodos de enseñanza
reflejan los valores, los ideales y la situación
socio-económica de un pueblo. Además de aumentar los conocimientos tecnológicos, el sis-
5 tema de enseñanza se dedica a transmitir la cultura de una generación a otra.

Esto se hace explícitamente en clases de historia, de gobierno o de religión; pero el sistema
de enseñanza también tiene una influencia im-
10 plícita sobre la sociedad a través de los métodos
de enseñar, los cursos ofrecidos, o la selección de
alumnos.

I.   Historia de la enseñanza hispánica

Durante la primera época árabe (siglos VIII a
15 XIII) España fue el centro de la enseñanza
superior en Europa. La tradición griega, traída
por los moros, se extendió por todo el continente   se extendió *spread*
desde Córdoba. La conocida tolerancia de los

moros hacia las ideas heterodoxas les colocó al
frente de los impulsos renovadores de la época.
Sobre esta tradición fueron establecidas las
primeras universidades españolas: las de Sala-
5 manca, Palencia y Sevilla en el siglo XIII. Estas
universidades, como también sus contemporáneas de Oxford, Bolonia y París, tenían una estructura bastante floja—consistían en un grupo
de profesores privados que se ponían de acuerdo
10 para dar sus clases en un sitio común. Su
categoría oficial venía de una carta real y de una
autorización del Papa. En la Universidad de París
el profesorado tenía el poder mientras que en la
de Bolonia el poder estaba en manos de los es-
15 tudiantes. Las universidades españolas, y las hispanoamericanas, siguieron el modelo italiano.
Las universidades del resto de Europa y de los
Estados Unidos prefirieron el francés. Esto, en
parte, explica algunas diferencias básicas en las
20 actitudes de los estudiantes aún hoy día. El concepto principal de Bolonia era que un grupo de
estudiantes contrataba a un profesor para que
éste les dictara una clase de filosofía, por ejemplo.
En París, los profesores les ofrecían a los estu-
25 diantes que pagaran la matrícula de las clases que
les convinieran a aquéllos. Esta distinción todavía
se mantiene hasta cierto punto, pero con la diferencia de que en la mayoría de los casos es un
gobierno o un grupo religioso el que paga a los
30 profesores.
   Durante el Renacimiento (siglos XV a XVII)
aumentó el impulso educativo y en esta época se
fundaron en España la Universidad de Alcalá de
Henares—hoy de Madrid—y la mayoría de las
35 americanas: Santo Domingo en 1538; México y
Lima en 1551; Bogotá en 1563; Córdoba, Argentina, en 1613; Quito en 1622; Sucre, Bolivia, en
1624; Guatemala en 1676, etc. Casi todas estas
instituciones fueron fundadas por órdenes re-
40 ligiosas, principalmente por los dominicos y los
jesuítas.

heterodoxas *heretical*
les colocó al frente *situated*
   them in the forefront
impulsos renovadores
   impulses toward change

floja *loose*

categoría *status*
carta real *royal decree*
Papa *(m) Pope*
profesorado *faculty*

les dictara una clase *would*
   teach them a class

matrícula *tuition*
aquéllos *the former*

Estas universidades tenían cuatro facultades:[1] teología, leyes, artes y medicina. La primera, dedicada a la formación de sacerdotes, era la más importante hasta el siglo XIX, cuando la fa-
5 cultad de derecho o de jurisprudencia comenzó a prevalecer. La facultad de medicina también creció en importancia en este siglo. Las facultades de artes (hoy llamadas más frecuentemente de Filosofía y Letras) tenían dos funciones tradi-
10 cionales: 1) preparación para las otras facultades y 2) preparación de maestros de enseñanza secundaria.

No es hasta la segunda mitad del siglo XIX que las universidades asumen su segundo papel: el de
15 ser centros de investigación científica apoyados por el gobierno. También comienza a aumentarse el número de facultades con las de ingeniería, de comercio, de farmacia, etc.

Durante toda esta época la enseñanza primaria
20 y secundaria era una actividad exclusivamente religiosa o privada. La actitud era que este aspecto de la vida era una responsabilidad personal. La entrada a la universidad se obtenía mediante un examen abierto. El joven se preparaba por medio
25 de una escuela secundaria o de maestros privados, o por sus propios estudios y lecturas. La meta de todo esto era el examen de ingreso a la universidad. Hasta el siglo XIX no existía el concepto de la educación como bien nacional. Las
30 ideas económicas del siglo XIX comenzaron a dar valor monetario a un pueblo educado. Además, los ideales democráticos dieron doble impulso al desarrollo de sistemas públicos de enseñanza: 1) la igualdad de oportunidad exigía escuelas
35 pagadas por el gobierno; 2) para poder ejercer sus nuevas obligaciones cívicas, el pueblo necesitaba alcanzar cierto nivel de conocimientos.

derecho *law*

prevalecer *to prevail*

mitad *(f) half*

papel *(m) role*

ingeniería *engineering*

mediante *by means of*

meta *goal*
ingreso *entrance*

bien *good*

exigía *demanded*

alcanzar *to reach*

---

[1]facultades *The word* facultad *means "faculty" only in the specialized sense of the professors of a "school" or "college." The more usual translation for the* Facultad de Medicina *would be the School of Medicine. Faculty in its most common sense in English is* profesorado *(professoriate) or* cuerpo docente *(teaching corps).*

En el siglo XX aparece la idea de asistencia obligatoria, aunque por lo general ésta era más un ideal que una realidad. La falta de recursos impedía que la enseñanza llegara a los niños rurales.
5 Hoy día la asistencia es obligatoria hasta los 12 o 14 años en la mayoría de los países hispanos. La instrucción también es gratis hasta este nivel.

asistencia *attendance*

impedía *prevented*

Otra idea que ha ganado apoyo en los últimos años es la educación vocacional—la agricultura,
10 la mecánica y el comercio se enseñan cada vez más. Estas materias, sin embargo, se enseñan solamente en escuelas especiales que admiten alumnos que ya hayan terminado la escuela primaria. Las demás escuelas todavía ofrecen las
15 mismas materias de antes y preparan a los alumnos para la universidad y para las profesiones tradicionales.

cada vez más *more and more*

II. «Educación» y «enseñanza»

Para entender algo del concepto de la enseñanza
20 en el mundo hispánico y de cómo difiere del de los Estados Unidos es necesario aclarar algunas cuestiones de terminología. La palabra «educación» tradicionalmente se refiere al proceso total de formar un adulto de un niño. In-
25 cluye, pero no se limita a, la instrucción recibida en la escuela. El niño también recibe su educación de su familia, de la iglesia y de sus experiencias. El proceso académico es la «enseñanza». La palabra deriva de «enseñar», la tarea del
30 maestro. Sólo recientemente se encuentra la palabra «educación» usada en el sentido del proceso escolar.

aclarar *to clarify*

tarea *task*

escolar *school (adj.)*

Los niveles de la instrucción académica son la enseñanza pre-escolar, la enseñanza primaria o
35 elemental, la enseñanza media o secundaria y la enseñanza superior o universitaria. Como se verá, estos niveles no son exactamente iguales a sus equivalentes del sistema norteamericano.

superior *higher*

Varios otros términos pueden confundir al observador norteamericano. La palabra «curso» significa toda una carrera escolar: por ejemplo, «el curso de medicina». «Materia» es una serie
5 de clases dedicadas a un asunto. El curso, entonces, consiste de varias materias que por lo general están prescritas sin que el estudiante tenga ninguna elección. El concepto de «requisitos» apenas existe puesto que casi todas
10 las materias dentro del curso son requisitos. Hay casos en que el alumno puede elegir entre secciones: por ejemplo, el curso de lenguas modernas ofrece elección entre varias lenguas, pero en cualquier caso se estudia la misma serie de
15 materias—gramática, cultura, literatura, etc.

El «bachillerato» es más o menos equivalente al diploma secundario en los Estados Unidos y no al título universitario. Éste, por ser más especializado, no tiene nombre genérico sino que
20 se le llama por el título profesional: profesor para los graduados de la Facultad de Filosofía y Letras, médico para los de Medicina, ingeniero para los de Ingeniería, abogado o licenciado para los de Leyes (derecho), etc.[2] Las «facultades» equiva-
25 len más o menos a las «escuelas» profesionales de las universidades norteamericanas con la diferencia de que se hacen responsables de la enseñanza total del alumno. Esto quiere decir que hay profesores de inglés o de castellano en la
30 Facultad de Medecina y otros en la Facultad de Ingeniería. Esto muestra dos contrastes muy importantes con el sistema norteamericano: la especialización que, en algunos países, comienza temprano, y la falta de posibilidad de elección de
35 las materias por el alumno. Es posible, por lo general, tomar clases en otras facultades pero no cuentan para el título.

curso *degree program*

materia *course*

prescritas *prescribed,*
  required

requisitos *requirements*

genérico *general*

título *degree*

---

[2]leyes o derecho *These two terms are used interchangeably to refer to law.* Licenciatura, *properly a law degree, has come to be used in some areas to refer to what is the equivalent of a master's degree in the United States.*

III. La organización de la enseñanza hispánica

Aunque sería imposible describir en detalle todos los sistemas de enseñanza de los países hispánicos, se puede dar una idea general de éstos.

5   Hay jardines de la infancia que aceptan alumnos desde los dos o tres años hasta los seis. Esta etapa no es obligatoria y relativamente pocos niños asisten.

    La enseñanza primaria abarca desde los seis
10 años hasta los 12. En la mayoría de los países hispánicos es obligatoria y gratuita. Termina con un certificado de sexto grado.

    La próxima etapa es la de los «colegios» o «liceos».[3] La enseñanza media o secundaria en
15 Hispanoamérica generalmente se divide en dos ciclos que suman cinco o seis años en total. Por lo general el primer ciclo, o ciclo básico, termina en el bachillerato elemental o general y el segundo en el bachillerato. Este segundo ciclo representa
20 una preparación más especializada para una carrera profesional y sólo los alumnos que piensan entrar en la universidad siguen hasta ese punto. Muchas veces se hace distinción entre el bachillerato de humanidades o de ciencias.

25   En España la división es distinta: hay cuatro años de enseñanza primaria y cuatro más de enseñanza media que son obligatorios y que terminan en el bachillerato elemental. Con dos años más se gana el bachillerato general superior y
30 luego hay un año de enseñanza pre-universitaria en ciencias o en humanidades.

    En muchos sistemas existen escuelas separadas especializadas para comercio, para maestros, y para las fuerzas militares. Estas escuelas comien-
35 zan por lo general después de la escuela primaria,

jardines de la infancia *(m)*
  kindergartens

etapa *level, stage*

abarca *covers*

gratuita *free*
sexto *sixth*
colegios *high schools*
liceos *high schools*

---

[3]«colegios» o «liceos» *The European system of names is used both in Spain and Spanish America. In Argentina, for example, colegios are usually for male students and liceos are for females. Many universities have their own colegios to prepare students for entrance. The «bachillerato» is difficult to compare to the U.S. system. In most Hispanic countries, it represents approximately the equivalent of two years of college.*

o sea a los 13 o 14 años. Esto requiere una decisión relativamente temprana sobre el destino del
alumno. También es interesante notar que los
maestros de las escuelas primarias se especializan
5 desde los 12 o 14 años en las escuelas normales y a
los 17 o 18 años pueden comenzar a ejercer su
profesión. Sólo los maestros o profesores de enseñanza secundaria tienen que prepararse en la
universidad o en institutos normales más avan-
10 zados que la escuela secundaria.

Las materias de la escuela primaria son las
mismas que en los Estados Unidos: idioma,
matemáticas elementales, estudios sociales (historia y geografía, nacional y mundial), ciencias
15 naturales, ciudadanía, higiene y estética (arte y
música). Hay generalmente también cursos de
desarrollo moral y social que tienen el propósito
de transmitir valores personales a los niños.

El día escolar en la escuela primaria es
20 generalmente más corto que en los Estados Unidos: dura cinco horas en vez de seis. Sin embargo, la enseñanza tiende a ser más concentrada
durante este tiempo. Algunas materias como el
desarrollo físico o la práctica de la música y del
25 arte no se incluyen en el curriculum general.

Para pasar de un año a otro el alumno tiene que
aprobar los exámenes finales, generalmente
orales. Si no aprueba tiene que volver a cursar la
materia suspendida el año siguiente. El alumno
30 tiene la responsabilidad de su propio progreso.
En la escuela primaria por lo general es necesario
aprobar todas las materias, pero en la secundaria
son consideradas por separado.

En la mayoría de los países hispánicos las es-
35 cuelas primarias y muchas veces las secundarias
mantienen la separación entre los sexos. Se
mezclan sólo en aquellos lugares en donde no es
factible tener dos escuelas separadas.

La enseñanza media o secundaria general-
40 mente inicia la especialización del alumno. Después de recibir el certificado de la escuela

ejercer   *to practice*

normales   *teacher training*

idioma   *language*

ciudadanía   *civics*

propósito   *purpose*

aprobar   *to pass (a course)*
cursar   *to take (a course)*
suspendida   *failed*

por separado   *separately*

factible   *practical*

primaria, los jóvenes eligen entre varios campos
de estudio: las humanidades, para los que pien-
sen cursar la carrera de maestro o profesor en la
universidad; las ciencias para la ingeniería o la
5 medicina; la escuela vocacional, etc. Por lo general tienen que aprobar un examen de ingreso o
de selección antes de ser aceptados en la escuela
elegida. A veces el alumno tiene que pasar una
época preparándose para este examen por medio
10 de clases privadas o de lecturas individuales.

Al matricularse en la escuela secundaria encuentra un curriculum especializado. Este curriculum admite muy poca elección de parte del
alumno y se dedica a prepararlo ya sea para la
15 práctica del oficio o para el examen de ingreso a la   oficio *occupation*
universidad u otra escuela superior.

Existe en los países hispánicos un número relativamente grande de escuelas secundarias militares que dan el título de bachiller y también un
20 nombramiento a la categoría de oficial en las fuerzas armadas. Esto casi nunca se hace en el nivel
universitario como en los Estados Unidos.

En muchos países hispanos los examenes finales se dan por materia en las escuelas secundarias
25 y el alumno recibe una nota final entre 0 y 10.
Generalmente el 6 es la nota mínima de aprobación. Si recibe menos de 6 en cualquier materia,
tiene que repetirla, pero puede seguir al próximo
nivel en las materias aprobadas. Un 10 se califica
30 de «sobresaliente» y un 9 de «notable» en   sobresaliente *excellent*
muchos casos. La práctica de dar exámenes par-   notable *very good*
ciales durante el año es todavía infrecuente—se   exámenes parciales *(m)*
    mid-term exams
juega todo en la nota recibida en el examen final.   se juega todo *everything*
Este examen casi siempre tiene al menos una   *rides on*
35 parte oral, en que el alumno se presenta ante un
tribunal de profesores que le hacen preguntas   tribunal *(m) panel*
sobre la materia en cuestión. Por lo general el
alumno tiene muy poca idea del nivel de sus conocimientos antes de ese momento. No es
40 necesario decir que la época de los exámenes,

que dura dos o tres semanas debido al tiempo requerido para los exámenes orales, inspira cierto miedo en el alumno.

En casi todos los países hispánicos el sistema
5 escolar se organiza a nivel nacional. Hay, por lo general, un ministro de educación que, con sus consejeros profesionales, determina la forma que tendrá el sistema en todos los niveles. La gran mayoría de las escuelas son oficiales y las que no
10 lo son—las escuelas privadas y las religiosas— tienen que seguir el mismo curriculum para que sus títulos sean válidos. Sólo las universidades tienen cierto grado de autonomía en los países **autonomía** *automony* hispánicos. Esto procede de su larga tradición de
15 prestigio e importancia en la vida nacional y del poder político de los estudiantes.

IV. Las universidades en el mundo hispánico

Desde el establecimiento de la Universidad de Salamanca en el siglo XIII hasta la actualidad, la
20 universidad ha ocupado una posición de importancia en la sociedad hispánica. Por la organización especializada en facultades profesionales, el título universitario de doctor en medicina o licenciado en derecho es muchas veces un símbolo de
25 prestigio más que una preparación práctica. Así que se encuentran en todas las carreras personas que poseen un título profesional que no tiene mucha relación con su verdadera profesión. Además de esto, las facultades se componen en
30 gran parte y a veces casi exclusivamente de profesionales. Invitar a un médico de la comunidad a dar una clase en la facultad de medicina es uno de los honores más grandes que se le pueden hacer.

Esta costumbre tiene la ventaja de proveer ins- **ventaja** *advantage*
35 trucción práctica especializada y variada. La desventaja es que el médico o abogado que sólo se presenta en la universidad tres o cuatro veces a la

semana para dictar sus clases tiene poca oportunidad para el contacto fuera de clase, que forma
parte importante de la experiencia educativa.[4]

5 En las sociedades menos desarrolladas las universidades son muy importantes en todos los
campos—la tecnología, la medicina, las ciencias
sociales y las artes. La universidad proporciona   proporciona *provides*
un lugar conveniente para construir laboratorios,
institutos de investigación y teatros o salas de
10 conciertos.

El resultado es que en las universidades se
concentra el talento del país. Es costumbre asen-   asentar *to locate*
tar las universidades en las ciudades más impor-
tantes, especialmente en las capitales. De esta
15 manera, se crea una organización fácilmente con-
trolada por el gobierno y se atrae hacia la ciudad a
las personas mas hábiles. Las provincias y las regiones rurales sufren a causa de esta pérdida de
talento y la brecha entre la ciudad y el campo   brecha *gap*
20 crece.

Los estudiantes universitarios repiten este
proceso de concentración. En la mayoría de las
universidades hispánicas la matrícula es casi
gratis y por eso teóricamente accesible a todos.
25 En la práctica, sin embargo, los jóvenes pobres
tienen que trabajar para ganarse la vida. Además,
los exámenes de entrada muchas veces requieren
preparación especial que sólo puede ser alcan-
zada por medio de escuelas privadas relativa-
30 mente caras. Por estas razones sólo los ricos y
los pobres más dedicados pueden llegar a estos   dedicados *dedicated*
centros de estudios. De esta manera la univer-
sidad puede servir de instrumento de la clase
dominante para mantener el control exclusivo
35 sobre los centros de poder.

---

[4]*Most administrators feel that the widespread practice of part-time teaching is undesirable; salaries are kept low, teacher-student contact is minimal, rational curriculum planning is difficult, faculty communication is poor, etc. Typically, universities outside large cities have made more progress toward establishing a full-time faculty since they have fewer community resources to draw on. The same prestige factor which induces eminent physicians and attorneys to teach for very little pay makes eliminating the practice difficult. In the humanities it is not uncommon for a professor to have three or four different schools to go to each day.*

Los estudiantes universitarios casi componen una clase aparte. Tienen más contacto que el resto de la población con las actividades políticas de la nación y también del mundo. Están más
5 conscientes de problemas y de sus posibles soluciones. Esta conciencia a veces se ha manifestado en forma de actividades de mucha importancia para la política nacional durante el siglo XX. En algunas ocasiones el resultado ha sido la
10 violencia, como ocurrió durante las manifestaciones de los estudiantes mexicanos en Tlatelolco en 1968.[5] Han existido casos donde los estudiantes han sido una fuerza efectiva en derribar el gobierno. Por medio de manifestaciones públicas
15 o por el frecuente uso de la táctica de la huelga han podido convertirse en fuerza política.

Los estudiantes universitarios en Hispanoamérica participan activamente en el gobierno de la universidad; por lo general mucho más que sus
20 colegas norteamericanos. La primera manifestación estudiantil del siglo XX fue el movimiento de reforma universitaria iniciado en la Universidad de Rosario, Argentina, en 1918. Rápidamente se extendió por el continente y en muchos centros
25 resultó en un nuevo sistema de gobierno universitario que dejaba mucho poder en manos de las juntas estudiantiles. Resultó, claro, en campañas políticas intensas entre los estudiantes en las elecciones de los representantes a las juntas.
30 Generalmente los partidos nacionales participan en estas actividades y el resultado es un reflejo en miniatura de la política nacional. A veces los estudiantes se juntan a los sindicatos de obreros y exigen una huelga que puede cerrar la univer-
35 sidad por un año entero.

Es importante recordar que el sistema de exámenes finales donde el candidato se presenta a fin de curso y el hecho de que la asistencia a clases

manifestaciones   (f)
    demonstrations

derribar   *to topple*

huelga   *strike*

juntas estudiantiles
    student councils
campañas   *campaigns*

sindicatos   *unions*
obreros   *workers*

[5]Tlatelolco   *A historical plaza in Mexico City where a student demonstration was stopped by the military. A large number of students died—some people claimed as many as 500, although the government vigorously denied it.*

no sea obligatoria deja al individuo el tiempo necesario para la política. Aunque la mayoría de los cursos son de cuatro o seis años, es bastante común encontrar estudiantes que llevan el doble
5 de eso sencillamente porque no han querido presentar exámenes. Como la matrícula es casi gratis y los estudiantes son ricos o trabajan para mantenerse, no tienen mucho motivo para darse prisa.

presentar *to take*

mantenerse *to support themselves*

La mayoría de las universidades mantienen
10 cierta autonomía sobre sus asuntos internos aunque, como en cualquier país, existen presiones sociales. Por lo general el sistema de universidades se encuentra bajo la jurisdicción del gobierno nacional, y no de los estados o provin-
15 cias. Aun cuando hay centros provinciales, están obligados a seguir el curriculum de la universidad nacional si quieren que sus títulos sean legalmente válidos. Esta práctica refuerza el control que ejerce el gobierno federal sobre el sistema
20 entero. Sólo las universidades privadas, que casi siempre son religiosas, tienen algo de libertad en el campo de la experimentación educativa. Esto ha resultado en la creación y expansión de universidades católicas en el mundo hispánico en la úl-
25 tima década. Éstas han sido centros de innovación y modernización en muchos de los países.[6]

presiones *(f) pressures*

refuerza *reinforces*

El sistema de enseñanza se crea como reflejo de los valores sociales del país, pero puede constituir una fuerza que actúa sobre esos mismos valores
30 para cambiarlos o para modificarlos. Aunque la organización y la tradición del sistema son básicamente conservadoras, el proceso de educar a las jóvenes es revolucionario y crea las condiciones propias para el cambio.

---

[6]*Many administrative and curricular reforms are impossible in the traditional universities due to several factors mentioned. The tenure system in which one professor is chosen in each subject for a life term stifles change. The private universities can avoid some of these problems as can new public institutions.*

EJERCICIOS

I. Preguntas

1. ¿Por qué es importante conocer algo del sistema de enseñanza de una cultura?
2. ¿Cuáles fueron las tres primeras universidades de España?
3. ¿Cuál era la diferencia entre la organización de las universidades de París y Bolonia?
4. ¿Cuál de los modelos adoptó el mundo hispánico?
5. ¿Quiénes fundaron las primeras universidades americanas?
6. ¿Cuándo comenzaron a ser importantes las facultades de derecho y medicina?
7. ¿Por qué estimularon las ideas democráticas el desarrollo de la enseñanza pública?
8. ¿Qué ideas nuevas podemos atribuir al siglo XX?
9. ¿Cuál es la distinción entre «educación» y «enseñanza»?
10. ¿Qué significan «curso» y «materia» en el sistema hispánico?
11. ¿Por qué no hay nombre genérico para el título universitario?
12. ¿A qué nivel se encuentra el colegio?
13. ¿Qué materias se enseñan en la escuela primaria?
14. ¿Cómo se pasa de un año a otro?
15. ¿A qué nivel se encuentra la escuela militar?
16. ¿A qué nivel de gobierno se dirige el sistema educativo en los países hispánicos?
17. ¿Quiénes componen el profesorado de las universidades?
18. ¿Cuál es la desventaja en ese sistema?
19. ¿Cuál es el efecto de colocar la universidad nacional en la capital del país?
20. ¿Cuáles son los centros de modernización universitaria hoy día?

II. Puntos de contraste cultural

1. ¿Cuáles son algunas implicaciones de la diferencia de modelos universitarios entre el mundo hispánico y el mundo anglosajón?
2. ¿Qué diferencia implica el hecho de que se distingue entre educación y enseñanza en la cultura hispánica mientras que *education* abarca las dos cosas en inglés?

3. ¿Qué diferencias hay en el curriculum secundario de los dos sistemas?

4. ¿Qué diferencias hay entre el método de control oficial de los sistemas hispánicos y el sistema norteamericano? ¿Cuáles son algunas ventajas y desventajas de cada uno?

III. Ejercicios de vocabulario

A. Indicar la palabra que corresponda a la definición.

1.	una sección profesional de la universidad	a.	bachillerato
2.	los profesores	b.	colegio
3.	curso de estudios secundarios	c.	aprobar
4.	el conjunto de materias que llevan al título	d.	profesorado
5.	la escuela secundaria	e.	educar
6.	lo que estudian los abogados	f.	facultad
7.	salir bien en el examen final	g.	autonomía
8.	grupo de profesores que juzgan el examen	h.	curso
9.	el control sobre sus propios asuntos	i.	derecho
10.	proceso de formar un adulto	j.	tribunal

B. Dar la forma apropiada de la palabra entre paréntesis.

1. el día (escuela) _____
2. la asistencia (obligar) _____
3. la enseñanza (segundo) _____
4. un grupo (estudiante) _____
5. la investigación (ciencia) _____

C. Indicar los sinónimos.

a.	colocar	1.	derecho
b.	leyes	2.	lugar
c.	crecer	3.	aumentar
d.	enseñanza	4.	asentar
e.	excelente	5.	por separado
f.	entrada	6.	ingreso
g.	aparte	7.	instrucción
h.	sitio	8.	sobresaliente

D. Completar con la forma apropiada de la palabra entre paréntesis.

1. (conocer)
    a. Es el _____ profesor de español.
    b. Se dedica a aumentar los _____ tecnológicos.
    c. Yo lo _____ en la escuela secundaria.
2. (autorizar)
    a. Necesita la _____ del profesor.
    b. Es un acto _____ ante la ley.
    c. ¿Quién _____ este movimiento?
3. (educar)
    a. Hay necesidad de reforma _____.
    b. Los padres tienen la responsabilidad de _____
        al niño.
    c. Muestra su mala _____.
4. (obligar)
    a. Cumple con sus _____.
    b. Es una clase _____.
    c. Se vio _____ a repetirla.

IV. Ejercicios de composición dirigida

A. Completar las frases con las palabras entre paréntesis:

1. Además de aumentar los conocimientos, el sistema de en-
    señanza . . .
    (generación, se dedica, cultura, transmitir, otra, una)
2. La palabra «educación» tradicionalmente . . .
    (total, adulto, formar, niño, proceso, se refiere)
3. Para pasar de un año a otro el alumno . . .
    (que, aprobar, exámenes, tiene, finales, los)
4. En casi todos los países hispánicos . . .
    (nacional, nivel, escolar, se organiza, sistema)

B. Completar las frases:

1. Las primeras universidades consistían en . . .
2. Los niveles de enseñanza son . . .
3. La palabra curso significa . . .
4. La escuela secundaria se dedica a . . .
5. Aunque el sistema es conservador, el proceso de educar a
    los niños . . .

Caracas, Venezuela

Buenos Aires, Argentina

UNIDAD 10

Las ciudades del mundo hispánico

Según los historiadores, las primeras ciudades de
la región mediterránea nacieron de la alianza
de varias tribus motivadas por necesidades
económicas, sociales y religiosas. Las descrip-
5 ciones de la fundación de las grandes ciudades
como Atenas y Roma siempre hacen hincapié en
el aspecto religioso: se consultaba con los dioses
para saber dónde se debía construir la ciudad. Lo
primero que se hacía era consagrar el lugar a un
10 dios cívico, lo que creaba lazos permanentes para
la gente, que así no podía abandonar la ciudad. El
templo, las ceremonias, los sacerdotes, todo se
relacionaba con el lugar. Para los pueblos antiguos
la ciudad era el centro de su religión y la razón
15 principal de su existencia. Ésta es la tradición en
que se formó la sociedad española.

Las grandes ciudades indígenas de América
tenían orígenes semejantes. Tenochtitlán, el centro de la civilización azteca, fue establecido en el
20 lugar indicado por un dios. Los aztecas eran una
tribu del norte, que había vagado por el valle de

alianza *alliance*

hacen hincapié en
emphasize

consagrar *to consecrate*

vagado *wandered*

México, llamado Anáhuac («cerca del agua»)
hasta que recibieron la visión maravillosa de un
águila, con una serpiente en la boca, posada sobre   águila *eagle*
un nopal. Allí se pararon y construyeron su ciu-   posada *perched*
nopal *(m) cactus*
5 dad. El aspecto religioso debe haber sido muy
importante para ellos, ya que tuvieron que cons-
truirla sobre un lago, poniendo las casas sobre
largas estacas.   estacas *stakes, sticks*
    La ciudad principal de los incas llevaba el
10 nombre de Cuzco, que significa «el ombligo».   ombligo *navel*
Era un centro religioso donde la gente se reunía
en días ceremoniales, y también el lugar donde
vivía el rey, hijo del Sol.
    En el caso de los mayas la ciudad parece haber
15 sido únicamente un centro religioso, ya que sólo
los sacerdotes vivían allí.
    Se ve claramente que las tradiciones antiguas
hacen de la ciudad algo muy importante en la
sociedad. La ciudad ejerce una gran atracción
20 sobre el pueblo como el centro de lo bueno de la
vida. Esta atracción aumenta durante el Renacimiento europeo[1] con el nuevo papel comercial que asumen las grandes ciudades medite-
rráneas.

25   **I. Las ciudades de España**

Desde la dominación romana, la historia de España ha sido una historia de ciudades. El concepto
romano—y por lo tanto occidental—de civilización se ve en la raíz de la palabra misma: *civitas*,
30 que se refería a las asociaciones religiosas y
políticas que formaban las asambleas de familias y   asambleas *assemblies*
tribus. En otras palabras, la «civilización» es re-
sultado de la ciudad. El espacio en el cual se jun-   se juntaban *gathered*
taban las asambleas se llamaba *urbs*, de donde
35 proviene la palabra urbano.

---

[1]Renacimiento europeo *The Renaissance (or rebirth of classical culture after the Middle Ages)
during the 14th and 15th centuries also marked the rise of the city in Western Civilization. Cities were
centers of culture and, because of the rise of the banking and export-import systems, they became
commercial centers of great economic power.*

En la península, los romanos utilizaron los centros de población ya existentes y éstos vinieron a ser los lugares más importantes. Allí se situaron primero las autoridades romanas y después el
5 senado y los centros culturales y recreativos.

situaron *situated*

senado *senate*

Las invasiones germánicas no cambiaron mucho esta situación. Los visigodos se adaptaron a la forma de vida romana, aunque tenían más interés en la sociedad rural del feudalismo. La
10 única ciudad importante de la época visigoda era Toledo, que fue la primera capital de la península. Esta ciudad simboliza la gloria medieval de España. Fue también el lugar elegido por El Greco[2] cuando éste llegó a España en 1577. Todavía
15 existe su casa, que hoy es una atracción turística.

Cuando los moros invadieron España, ocuparon las ciudades que encontraron, pero establecieron su centro en la ciudad sureña de Córdoba. Gran parte de esta culta y brillante ciudad
20 fue destruida durante la Reconquista por ser símbolo del poder islámico. Sólo queda la mezquita principal como recuerdo de su pasado glorioso. Un poco más al sur de Córdoba está la ciudad de Granada, donde se encuentra la Alhambra, el
25 magnífico palacio de los reyes moros. Viajeros extranjeros, entre ellos Washington Irving, se han maravillado ante esta creación de formas geométricas y abstractas comparable sólo al Taj Mahal de la India. Fue en Granada que Boabdil, el úl-
30 timo rey moro, se rindió a los Reyes Católicos en 1492. Fernando e Isabel probablemente notaron la belleza de la ciudad ya que quisieron ser enterrados allí.

sureña *southern*
culta *cultured*

mezquita *mosque*

viajeros *travellers*

maravillado *marveled*

se rindió *surrendered*

La capital actual, Madrid, recién comenzó a
35 ocupar un lugar de importancia en la vida española en el siglo XVI. Fue Felipe II, rey entre 1556 y 1598, el que trasladó la corte de Toledo a la comunidad de Majrit en 1560, a fin de observar la construcción de su propio monumento, El Esco-

---

[2]El Greco (1541–1614) *One of Spain's greatest artists, El Greco was born in Crete but came to Spain as a youth.*

rial.[3] Felipe quería situar la capital en el centro
para afirmar la unidad nacional, concepto bastante
tenue en aquella época. Todos los monarcas   tenue *tenuous*
siguientes continuaron esta tradición. En poco
5 tiempo Madrid se convirtió en el núcleo de la vida
nacional. En la segunda mitad del siglo XVI, ya
constituía el centro del imperio más grande del
mundo. Cervantes, Lope de Vega, Calderón de la
Barca,[4] todos vivían y trabajaban en Madrid y allí
10 produjeron sus obras maestras.   obras maestras
    masterpieces

En el siglo XVIII se construyó en Madrid un
nuevo Palacio Real, uno de los más grandes e im-
presionantes de Europa. Se dice que Napoleón
Bonaparte,[5] al nombrar rey de España a su her-
15 mano, lamentó el hecho de que su propio palacio
fuera menos lujoso. Pero fue en este mismo Ma-   lujoso *luxurious*
drid donde se inició la guerra que resultó en la
derrota del imperialismo francés.   derrota *defeat*

Con el progreso tecnológico y político del siglo
20 XIX, Madrid consolidó su dominio. Su posición   consolidó *consolidated*
geográfica y política aseguraron su importancia
para el futuro.

Hoy día Madrid es una ciudad de 3,5 millones
de habitantes que sintetiza la cultura moderna es-   sintetiza *synthesizes*
25 pañola. Desde la Plaza Mayor[6], que recuerda los
primeros años de la ciudad, hasta el Palacio Na-
cional (antes Palacio Real), monumento del Siglo   Siglo de las Luces *Age of*
de las Luces, y la Plaza de España, rodeada de   *Enlightenment*
    (Eighteenth Century)
rascacielos modernos, se ve la historia de España.   rascacielos *(m)*
30 En el Museo del Prado y en el Escorial, el monas-   *skyscrapers*

---

[3]El Escorial *The Moorish name for Madrid was Majrit. Felipe II ordered the construction of* El
Escorial, *a group of buildings containing a church, a monastery and a palace, because of a vow made
to St. Lawrence* (San Lorenzo) *prior to an important victory over the French in 1557.*

[4]Cervantes, Lope de Vega, Calderón de la Barca *Cervantes was the author of Spain's greatest
literary masterpiece,* Don Quixote. *Lope and Calderón were the best known playwrights in the
Spanish Golden Age of the seventeenth century.*

[5]Napoleón Bonaparte *During his drive for a European empire Napoleon invaded and held the
peninsula for a short time in 1808. He placed his brother on the throne of Spain, but the* madrileños
soon removed him.

[6]Plaza Mayor *Virtually all Hispanic cities have a main* plaza *or open space surrounded by government buildings and usually the cathedral. It may be called the* Plaza Mayor *or it may bear the name of
some national hero or in México it may be called the* Zócalo. *The* Palacio Nacional *is the equivalent of
the White House in Washington, D.C. In Buenos Aires it is called the* Casa Rosada *or "Pink House"
because of its traditional color.*

terio y palacio que Felipe II hizo construir, se
encuentra el tesoro artístico de España; obras no   tesoro *treasure*
sólo de artistas españoles sino también de los
holandeses e italianos de los siglos XVI y XVII   holandeses *Dutch*
5 cuyos países formaban parte del Imperio español.

Madrid conserva muchas costumbres tradicionales, como la cena, que tiene lugar después
de las diez de la noche,[7] el paseo por las calles
en la tarde y la corrida de toros los domingos. Al
10 mismo tiempo la ciudad sufre los problemas de
la época moderna: barrios nuevos—algunos po-   barrios *districts*
bres, otros ricos—alrededor de la capital; calles   alrededor *around*
congestionadas; aire a veces contaminado, etc.
En suma, es una ciudad grande y moderna en   en todo sentido *in every*
15 todo sentido.   *sense*

Otra ciudad española que floreció en el siglo   floreció *flourished*
XVI fue Sevilla. Ésta simboliza la España román-
tica de Carmen, de Don Juan, de los gitanos. La   gitanos *gypsies*
imagen española más conocida en el resto del
20 mundo, y que generalmente se reproduce en los
afiches de viajes corresponde a la región de An-   afiches *(m) posters*
dalucía en el sur y a su capital, Sevilla. Esta
ciudad, que perteneció al reino árabe desde 712
hasta 1248, experimentó su verdadero floreci-
25 miento en el siglo XVI, época en que fue el principal puerto de España. Después del descubri-   puerto *port*
miento de América, Sevilla se convirtió en el
centro de las grandes casas comerciales que finan-
ciaban las nuevas expediciones. Atrajo a gente de   atrajo *it attracted*
30 toda Europa y su nombre se llegó a asociar con lo
exótico, lo romántico y lo misterioso, o sea, los
mismos atractivos que tenían el Nuevo Mundo y
la aventura del mar para todos los españoles.

Sevilla ha mantenido esa personalidad hasta
35 hoy. La Triana, sección gitana, el espectáculo de
la Semana Santa[8] y las flores que se encuentran

---

[7]*In Madrid one seldom dines before 10:00 p.m. and frequently not before midnight. Before dinner, most people go out for a paseo, strolling around the plaza, stopping briefly to chat with friends or to eat light snacks to tide them over until dinner. Young men and women use this occasion to arrange "casual" meetings. The custom exists in Spanish America in small towns.*

[8]la Semana Santa *Holy Week is traditionally one of the more elaborate spectacles in Spain, with religious processions and ceremonies. In Sevilla the passion and fervor of this period are considered to be unequaled anywhere in the world.*

por todos lados traen el recuerdo del pasado
romántico. Velázquez y Murillo nacieron en
Sevilla y la catedral del siglo XV, el mayor edificio
gótico del mundo, contiene muchos de los tesoros
5 traídos del Nuevo Mundo.

gótico *Gothic*

Para los románticos, Sevilla era la ciudad ideal;
tal vez sea porque el último período de contacto
constante entre España y el resto de Europa ocurrió durante el siglo XIX, en la época romántica,
10 que la imagen de España en el mundo es la imagen sevillana.

Otra ciudad importante de España es Barcelona, puerto comercial mediterráneo. A diferencia de Sevilla, Barcelona ha sido siempre el
15 punto de contacto entre Europa y España. Es
considerada hoy día la ciudad menos española de
la península. Debido a que tuvo menos influencia
árabe—sólo un siglo—mantiene aún sus lazos
romanos y góticos, pero Barcelona es en realidad
20 producto del siglo XIX y de la revolución indus-
trial. Balenciaga, uno de los creadores de la moda
femenina, nació allí.

Barcelona se encuentra en la provincia de
Cataluña. Esta provincia simboliza la indepen-
25 dencia e individualismo del carácter español. A
pesar de los esfuerzos del gobierno nacional por
imponer el idioma español, el catalán, que es una
lengua distinta, todavía domina en las calles de
Barcelona. Los conocidos pintores Picasso, Miró,
30 Gris y Dalí se consideraban catalanes antes que
españoles.

a pesar de *in spite of*

Barcelona se enorgullece de su modernidad,
mientras que Sevilla pone énfasis en su pasado
romántico y Madrid en sus tradiciones reales e
35 imperiales. Son tres ciudades que muestran
claramente la diversidad de la España de hoy.

se enorgullece de *takes pride in*

II.   Algunas ciudades hispanoamericanas

Con la importancia de la ciudad, tanto en la península ibérica como en las culturas indígenas, era

natural que durante la colonización se pusiera
mucho énfasis en los centros urbanos del Nuevo
Mundo. México y Lima eran las ciudades principales de las colonias, pero Buenos Aires no tardó
5 en hacerse de suma importancia comercial. La   suma *extreme*
Habana, Caracas, Bogotá y Santiago de Chile
asumieron su verdadera importancia en el siglo
XIX pero México, Lima y Buenos Aires contienen
el pasado colonial.
10   Como se ha visto, México fue construida sobre
la ciudad imperial azteca de Tenochtitlán. En un
acto simbólico los españoles construyeron su capi-
tal encima de la de los aztecas, esperando   encima *on top of*
reemplazar a éstos como pueblo dominador de
15 Anáhuac. Esto está bien ilustrado con el templo
de forma circular que se descubrió al excavar la   excavar *to excavate*
ruta del tren subterráneo, en la década del   tren subterráneo *(m)*
sesenta. Hoy se encuentra el templo conservado   *subway*
en medio de una parada del metro—lo nuevo y lo   del sesenta *of the sixties*
                                                    parada *stop*
20 antiguo de la ciudad de México.   metro *subway*
      Por ser el centro original de la colonia de la
Nueva España, región que abarcaba desde
Guatemala hasta el río Mississippi, México
siempre ha sido la principal ciudad del país. De-
25 muestran esta permanencia los edificios iden-
tificados con cada época de su historia: hay una
serie de casas de hidalgos coloniales en la calle   hidalgos *noblemen*
Pino Suárez que conduce a la Plaza Mayor,
llamada también el Zócalo, donde se encuentra la
30 catedral principal. Al norte se encuentra La Plaza
de las Tres Culturas—Tlatelolco—que incluye
una plaza azteca, una iglesia católica y muchos
edificios modernos de viviendas públicas. Esta   viviendas *housing*
plaza, antes un mercado, fue el sitio de la última
35 batalla entre Cortés y los aztecas en 1521. Un poco
más al norte está la iglesia de Nuestra Señora de
Guadalupe, santa patrona de México, en el lugar   patrona *patroness*
donde se apareció la virgen al indio Juan Diego en
1531.
40   Yendo hacia el oeste desde el Zócalo se ve la   yendo *going*
parte más moderna de la ciudad, casas del siglo
XIX y construcciones modernas. Uno de los

edificios más altos es la Torre Latinoamericana.
Lo notable no es su altura—tiene apenas 43
pisos—sino el hecho de que contiene un sistema
hidráulico que mantiene la presión del agua en
5 que flota el edificio, para que no se hunda.[9] Con
este fondo de lodo mojado el edificio también so-
brevivió los temblores de 1957.

Más al oeste se encuentra un recuerdo de la
época del Emperador Maximiliano:[10] el Paseo de
10 la Reforma, una calle ancha con grandes árboles al
estilo europeo. El paseo conduce al Parque de
Chapultepec, donde muchos mexicanos van a
pasear los domingos. Allí se ven el palacio de
Maximiliano (que después fue la casa presiden-
15 cial, y ahora es un museo) y los baños de Moc-
tezuma, donde se refrescaba el rey azteca. También en el parque está el magnífico Museo Nacional de Antropología, construido en el siglo XX
para honrar y recordar el pasado indígena.

20 Al sur de la ciudad se encuentra la Ciudad Universitaria, sede de la Universidad Nacional Au-
tónoma de México, una de las primeras universidades del Nuevo Mundo. Ahora la U.N.A.M.
ocupa unos edificios modernos construidos en la
25 década de 1910–1920 y decorados por los muralis-
tas más famosos de esa época: Diego Rivera, José
Clemente Orozco, David Alfaro Siqueiros y Juan
O'Gorman, entre otros.

Lo que sorprende de esta ciudad de casi 10
30 millones de habitantes es la coexistencia de los
aspectos más antiguos y los más modernos del
hemisferio.

La capital del Perú moderno, Lima, también
muestra el pasado lejano pero con una importante

altura *height*
apenas *only*

presión (*f*) *pressure*

se hunda *sink*
lodo *mud*
mojado *wet*
temblores (*m*) *earthquakes*

ancha *wide*

se refrescaba *refreshed*
  himself

sede (*f*) *seat*

[9]**para que no se hunda.** *The water-filled subsoil of Mexico City has allowed many buildings to sink—up to fifteen feet in some cases.*

[10]**el Emperador Maximiliano** *Maximilian of Austria was emperor of Mexico for a short time in the 1860s as a result of a French move to acquire a colony with the help of some misguided Mexican conservatives who were disenchanted with the liberalism of the government. Maximilian naively thought the people supported him until he died in front of a firing squad. His beautiful wife, Carlota, who had urged him to assume the position, went insane. The story is one of the great romantic tragedies of world history.*

diferencia: los incas establecían sus centros urbanos en las montañas y los españoles preferían la
costa. Por eso en 1535 abandonaron Cuzco, en los
Andes, que había sido la primera capital. Lima,
5 entonces, no fue construida sobre las ruinas de
una ciudad indígena. Lima fue llamada la Ciudad
de Los Reyes por el conquistador Pizarro. Su
nombre actual deriva de *Rimac*, nombre quechua
del río cercano. Pizarro estableció la ciudad
10 siguiendo un plan geométrico, típico procedimiento en el Nuevo Mundo.

    Lo que distingue a Lima hoy es su sabor colo-
nial. La Plaza de Armas, la más importante de la
ciudad, está rodeada de antiguos edificios e igle-
15 sias, y la Plaza de la Inquisición recuerda que
Lima fue el centro de esa institución en la colonia.[11] La iglesia de Santo Domingo, construida
en 1549, contiene los restos de Santa Rosa de
Lima, la primera religiosa canonizada del Nuevo
20 Mundo. Esta mujer, Isabel de Flores y de Oliva,
pasó la vida ayudando a los pobres y es considerada la creadora del servicio social en el Perú.

    Para encontrarse con el mundo indígena hay
que salir de la ciudad misma e ir hasta el mercado
25 de Huancayo o hasta Pachacamac, donde se encuentran las ruinas del templo de fertilidad de los
incas, construido en 1350. La gran mayoría de las
ruinas incaicas están en el interior del país.

    En Lima se encuentra la Universidad de San
30 Marcos, fundada en 1551. Aunque la Universidad
de México se abrió el mismo año, fue cerrada
durante un tiempo, mientras que la de San Marcos ha funcionado sin interrupción hasta hoy. Las
dos instituciones se fundaron un siglo antes que
35 Harvard College en la colonia de Massachusetts.

    La mayor de todas las ciudades hispánicas es
Buenos Aires, capital de la República Argentina.
Fundada en 1536 con el nombre de Puerto de

quechua *language of the Incas*
cercano *nearby*

sabor *(m) flavor*

rodeada *surrounded*

creadora *creator*

---

[11]Inquisición *The Holy Inquisition was a major instrument of the Catholic Church in the Counter-Reformation. Its function was to seek out heretics, and it was frequently marked by violence.*

Nuestra Señora de los Buenos Aires—la santa
patrona de los marineros sevillanos—fue destruida poco después por los indios. Aunque fue
fundada por segunda vez, la ciudad no tuvo gran
5 importancia hasta el siglo XVIII, porque España
no permitió que los productos salieran sino por
Lima hasta fines de ese siglo. En 1776 Buenos
Aires fue nombrada sede del Virreinato del Río de
la Plata—acto desastroso para España porque sig-
10 nificó la llegada de centenares de oficiales españoles, lo cual aumentó el descontento de los
porteños y dio origen a los primeros sentimientos
de independencia. Cuando el puerto de Buenos
Aires fue abierto al comercio, su posición geo-
15 gráfica le aseguró un crecimiento continuo.
Además la ciudad fomentó la inmigración de
europeos, que continuó durante un siglo y medio
y que dio a Buenos Aires el carácter único de ser la
ciudad más europea de América. Ingleses,
20 alemanes, italianos, franceses y otros europeos
vinieron en grandes números y se establecieron
en diferentes barrios donde mantienen hasta hoy
muchas costumbres étnicas y también su lengua
nativa. Las lenguas europeas, especialmente el
25 italiano, han influido mucho en el español que se
habla en Buenos Aires.

La ciudad actual es uno de los grandes centros
comerciales de todo el continente. Es muy indus-
trializada y tiene las dársenas más grandes de His-
30 panoamérica. Muchos de los edificios son relativamente nuevos porque el crecimiento rápido
en el siglo XIX trajo la destrucción de los viejos a
fin de ampliar las calles para el automóvil que
comenzaba a llenar la ciudad. En 1913 se inauguró
35 el servicio de subterráneos; uno de los primeros
del mundo. La Avenida 9 de Julio con sus 480 pies
de ancho es la mayor del mundo. El Centro, o sea
el centro financiero, es donde están los bancos
nacionales y extranjeros, las casas de comercio y
40 las oficinas más importantes.

Buenos Aires presenta un aspecto variado y
cosmopolita. Desde la Avenida de Mayo, que es el

---

marineros   *sailors*

sino por   *except through*

desastroso   *disastrous*
centenares   *(m) hundreds*

porteños   *port dwellers,*
   people of Buenos Aires

crecimiento   *growth*

dársenas   *docks*

a fin de   *in order to*
ampliar   *to widen*

480 pies de ancho   *480-foot*
   width

financiero   *financial*

eje central entre la Plaza de Mayo y la Plaza Congreso, hasta los barrios aristocráticos de Florida y Santa Fe al norte y el barrio italiano de La Boca al sur, se encuentran lugares muy modernos y pin-
5 torescos. Tiene más de 150 parques y jardines públicos. Como toda ciudad grande, Buenos Aires, o B.A. como la llaman los porteños, tiende a crecer hacia el interior del país en un sinfín de nuevos barrios suburbanos.
10 La vida nocturna de Buenos Aires es muy variada. El tango, baile cantado, nació en la Argentina. Se cree que el ritmo de la habanera—danza cubana—mezclado con el del viejo tango andaluz dio origen al tango. Comenzó en los barrios
15 pobres de Buenos Aires y después se hizo popular en los lugares elegantes. Música triste, sensual, melancólica, su carácter único lo llevó a triunfar en París y en los Estados Unidos en las primeras décadas del siglo actual.
20 Buenos Aires es el ejemplo perfecto de la ciudad que sintetiza la nación y la domina con su poder económico y su energía perpetua.

III. El significado de la ciudad en el mundo hispánico

25 Como se ha visto, existen grandes ciudades hispánicas, cada una con personalidad distinta. Su importancia se basa en consideraciones económicas y políticas y es claro que cada ciudad funciona como imán para los habitantes del país.
30 Las estadísticas indican que actualmente la tasa de crecimiento de las ciudades llega al doble de la de la población total. Fuera de los problemas obvios, como la incapacidad de los centros urbanos de asimilar a tantas personas, y el desempleo, la
35 pobreza y el descontento social resultantes, existen otros factores negativos. El éxodo de gente del campo es cada vez más grave: España, antes predominantemente rural, sólo cuenta hoy con una fuerza agrícola del treinta y tres por ciento de

eje *(m) axis, core*

pintorescos *picturesque*

sinfín *endless number*

imán *(m) magnet*
estadísticas *(f) statistics*
tasa *rate*

asimilar *to assimilate*
desempleo *unemployment*
resultantes *resulting*

los trabajadores. Esta gran migración también efectúa cambios profundos en algunas de las antiguas instituciones de la cultura: la familia, la iglesia y la moral tradicional pierden algo de su
5 importancia cuando las personas cortan sus raíces rurales para mudarse a los centros urbanos.

 Si estos problemas son graves ahora, el futuro promete algo espantoso. Se anticipa que el porcentaje de población urbana en Latinoamérica
10 subirá del cuarenta y nueve por ciento actual al ochenta por ciento en el año 2000. En números absolutos irá de 102.000.000 de habitantes urbanos en 1960 hasta 608.000.000 en el año 2000. [12] En ese caso, las ciudades como Buenos Aires y
15 México contarían con cerca de 30.000.000 de habitantes; ¡tres veces más que la población actual de Nueva York! El dilema es obvio. Si el gobierno mejora las condiciones de los servicios sociales, viviendas, trabajos, etc., atraerá a más
20 gente. Además quedaría sólo un veinte por ciento de la población del continente para producir los comestibles necesarios para el otro ochenta por ciento, lo que sería difícil aún con los métodos más mecanizados de agricultura.
25 A pesar de estos problemas abrumadores, las ciudades continúan teniendo sus atractivos: la esperanza de trabajo, la disponibilidad de inventos nuevos para aliviar las tareas de la vida y la proximidad a los centros de poder. La vida amena,
30 especialmente, ejerce una gran influencia. Las ciudades hispánicas ofrecen diversiones como la televisión, el cine, el teatro, la música, el baile, los parques recreacionales, las corridas, el fútbol, etc. para el placer de sus habitantes. En su es-
35 píritu y en su organización, todo esto refleja los deseos del pueblo. Los cafés al aire libre, los parques y otros lugares públicos con flores y árboles fomentan un espíritu de comunidad. Las tiendas, más abiertas a la calle, invitan a los caminantes, y

cortan *cut*

mudarse *to move*

promete *promises*
espantoso *horrible*

abrumadores *overwhelming*

disponibilidad *(f)*
 availability
aliviar *to relieve*
amena *pleasant*

diversiones *entertainment*

al aire libre *open-air,*
 sidewalk

caminantes *(m) passers-by*

---

[12]de 102.000.000 habitantes *In Spanish, the functions of the period and comma in cardinal numbers are the reverse of English: e.g., $100.000,00 in Spanish is $100,000.00 in English.*

lo mismo hacen los vendedores ambulantes. Las   ambulantes *roaming*
ciudades hispánicas favorecen al peatón en vez de   peatón *(m) pedestrian*
ser construidas para el automóvil. Los sistemas de
transporte público tienden a ser excelentes y muy
5 utilizados. Los mercados grandes ofrecen toda
clase de comestibles y utensilios y sólo se visitan a   a pie *on foot*
pie.
    En el siglo XIX un argentino, Domingo Faus-
tino Sarmiento,[13] formuló una interpretación de
10 la sociedad hispanoamericana a través del
conflicto entre «la civilización y la barbarie».   barbarie *(f) barbarism*
Con la «civilización» Sarmiento identifica a la
ciudad de Buenos Aires y con la «barbarie» a las
pampas argentinas. Este concepto sirvió como
15 base de gran parte del pensamiento hispanoamericano durante todo un siglo. La actitud
hispánica hacia la ciudad como centro de la
civilización todavía existe como valor básico de la
vida y como lo dijo hace más de un siglo Sarmiento
20 en esta cita: «. . . veremos . . . la campaña   campaña *countryside*
sobre las ciudades, y dominadas éstas en su es-
píritu, gobierno, civilización, formarse al fin el
gobierno central unitario, despótico, del estan-   estanciero *rancher*
ciero Juan Manuel de Rosas, que clava en la culta   clava *buries*
25 Buenos Aires el cuchillo del gaucho y destruye la   cuchillo *knife*
obra de los siglos, la civilización, las leyes y la
libertad».

EJERCICIOS

I. Preguntas

    1.   ¿Cómo nacieron las ciudades antiguas?
    2.   ¿Qué visión les indicó a los aztecas el lugar donde debían
        construir Tenochtitlán?

[13]Domingo Faustino Sarmiento (1811–1888) *Sarmiento was one of Spanish America's greatest
essayists. He felt that the future of Argentina lay in allowing the cities, with their higher level of
culture and civilization, to dominate the provincial areas. His long essay (of 1845) on a brutal gaucho
named Juan Facundo Quiroga showed how the rural element was backward and primitive. Juan
Manuel de Rosas was the dictator, from the provinces, who exemplified the harm done when the
gaucho achieved political dominance.*

3. ¿De dónde proviene la palabra «civilización»?
4. ¿Prefiere usted vivir en una ciudad? ¿Por qué?
5. ¿Cuál fue el centro de los árabes en España?
6. ¿Qué ciudad española fue la capital visigoda?
7. ¿Cuándo se trasladó la capital a Madrid?
8. ¿A qué hora cenan los madrileños?
9. ¿Se podría acostumbrar usted a cenar a esa hora? ¿A qué hora cena usted?
10. ¿Cuál de las tres ciudades descritas es más romántica? ¿Más comercial?
11. ¿Cuál de éstas le atrae más a usted?
12. ¿Qué lengua se habla en Barcelona?
13. ¿Cuál fue la primera gran ciudad del Nuevo Mundo?
14. ¿Por qué se construyó la ciudad de México sobre Tenochtitlán?
15. ¿Cómo se llama la plaza central de México?
16. ¿Quién es la santa patrona de México?
17. ¿Cómo se llama el parque central de México?
18. ¿Cuál es la universidad más antigua de América?
19. ¿Por qué no usaron los españoles la capital incaica?
20. ¿Quién fue la primera santa del Nuevo Mundo?
21. ¿Cuándo se formó el Virreinato del Río de la Plata?
22. ¿Cuál es el baile típico de Buenos Aires? ¿Cómo es?
23. ¿Por qué prefería Sarmiento la ciudad?
24. ¿Ha visitado usted alguna ciudad hispánica? ¿Le gustó?

II. Puntos de contraste cultural

1. La tradición anglosajona es de comunidades pequeñas y rurales. La mediterránea es bastante distinta. Hoy día, ¿cuáles son las diferencias entre una y otra tradición?
2. ¿Cree usted que lo más valioso de una sociedad está en los centros urbanos o en el campo? ¿Existe una actitud antiurbana en los EE. UU.?
3. ¿Qué diferencias existen entre los problemas de urbanización en Hispanoamérica y en los Estados Unidos?
4. ¿Qué diferencias hay entre la orientación de la vida urbana en las dos regiones?

III. Ejercicios de vocabulario

A. Completar con la forma correcta de la palabra entre paréntesis.

1. (urbano)
    a. El proceso de _____ es constante.
    b. Los centros _____ atraen a la gente.
    c. La población del mundo se _____ cada vez más.
2. (unir)
    a. La ciudad _____ la oportunidad y la dificultad.
    b. La gente de la ciudad está más _____.
    c. Los Estados _____ es un país norteamericano.
3. (centro)
    a. En las ciudades hispánicas siempre hay una plaza

       _____.
    b. La actitud etno-_____ es común.
    c. La ciudad _____ los servicios.
4. (imperio)
    a. La política _____ siempre existe.
    b. La capital de la España _____ fue Madrid.
    c. El _____ hace difícil las relaciones entre países.
5. (descubrir)
    a. Colón fue el _____ del Nuevo Mundo.
    b. Sus _____ sorprendieron a los europeos.
    c. Las islas del Caribe fueron _____ en 1492.

B. Formar el superlativo según el modelo.

EJEMPLO: *conocido* → **conocidísimo**

1. importante   _____
2. grande   _____
3. mucho   _____
4. alto   _____
5. cerca (qu)   _____
6. poco (qu)   _____
7. largo (gu)   _____
8. corto   _____
9. pequeño   _____
10. variado   _____

C. Indicar los sinónimos.

1.	anciano	a.	oeste
2.	comienzo	b.	indicar
3.	comercio	c.	principio
4.	caminante	d.	opuesto
5.	monarca	e.	negocios
6.	nativo	f.	antiguo
7.	sacerdote	g.	indígena
8.	contrario	h.	peatón
9.	señalar	i.	cura
10.	occidente	j.	rey

IV. Ejercicios de composición dirigida

A. Completar las frases con las palabras entre paréntesis.

1. Las tradiciones antiguas . . .
   (hacen, sociedad, ciudad, importante, algo)
2. En Granada, Boabdil . . .
   (Reyes, rindió, 1492, Católicos, se)
3. Sevilla en el siglo XVI se convirtió . . .
   (centro, comerciales, nuevas, financiaban, casas, expediciones)
4. Tlatelolco fue el sitio . . .
   (Cortés, entre, última, batalla, aztecas)
5. Hoy España cuenta con . . .
   (agrícola, trabajadores, treinta y tres por ciento, fuerza)

B. Completar las frases:

1. Toledo simboliza . . .
2. Algunas costumbres tradicionales de Madrid son . . .
3. La Nueva España abarcaba . . .
4. En 1776 Buenos Aires se abrió a . . .
5. Las diversiones ofrecidas por la ciudad son . . .

Jóvenes de habla hispana en los Estados Unidos

UNIDAD 11

La presencia hispánica en los Estados Unidos

Por varias razones históricas, la población actual de los Estados Unidos contiene un cinco por ciento de personas de habla hispana. A diferencia de otros grupos étnicos, la mayor parte de éstos
5 nunca inmigraron a los Estados Unidos, y no son descendientes de inmigrantes a este país. En el suroeste de los EE.UU. están las personas que fueron incorporadas a los Estados Unidos a través del Tratado de Guadalupe Hidalgo en 1848.[1] En
10 el este del país están los puertorriqueños que se convirtieron en ciudadanos americanos por el Tratado de París de 1898. En otras palabras, las personas de habla hispana en los Estados Unidos son los habitantes de territorios tomados en dos
15 guerras.

El inmigrante llega tradicionalmente a una nueva tierra dispuesto a asimilarse a la cultura, a

de habla hispana Spanish-speaking

tratado treaty

puertorriqueños Puerto Ricans

dispuesto a ready to

[1]Tratado de Guadalupe Hidalgo *This treaty, signed in 1848, ended the war between the U.S. and Mexico. Most of what is now the western U.S. was ceded by Mexico. The Treaty of Paris ended the Spanish-American War in 1898. Puerto Rico became a colony of the U.S. and its citizens were granted most of the rights and privileges of U.S. citizenship, including unlimited immigration to the mainland.*

aprender una nueva lengua, a adaptarse a las costumbres y a los valores del país, muchas veces con
entusiasmo extremado. Pero cuando una persona
se ve incorporada por la fuerza a otra cultura, no
5 siente esta disposición. Más bien tiende a resis-
tirse y a tratar de preservar su cultura original
como un tipo de defensa. Un caso comparable se
encuentra en la provincia de Quebec, en Canadá,
donde la situación de los habitantes de cultura
10 francesa es semejante a la de los de origen hispánico en los EE.UU. Es indispensable conocer
este contexto para comprender las actitudes contemporáneas de esta minoría étnica.

por la fuerza *by force*
disposición *(f) readiness*

I. Orígenes de «La Raza»

«La Raza» *"The Race"*

15 Mientras que el porcentaje de personas de ascendencia hispánica en el resto del país es de un cinco
por ciento, en los estados del suroeste ese porcentaje se duplica y en Texas y California llega a más
del cuarenta por ciento. La causa básica de esta
20 concentración tiene su origen en algunos hechos
de la primera mitad del siglo XIX.
     A principios del siglo XIX nació en los EE. UU.
el concepto que se llamó «destino manifiesto»
del nuevo país. Según éste, el destino de los
25 anglosajones era ampliar su territorio, a expensas del pueblo hispánico, sobre el continente
americano. Existía cierta confusión en cuanto a los
límites de esta expansión: algunos pensaban que
debía incluir todo el hemisferio; otros sólo veían la
30 necesidad de abarcar la tierra entre Nueva Inglaterra y el Océano Pacífico. Antes que invadir
abiertamente los territorios, los estadounidenses
preferían animar a los habitantes de las regiones
fronterizas a que se separaran de México y des-
35 pués pidieran incorporarse a la Unión Americana. Los Estados Unidos ya habían comprado
el territorio de Louisiana en 1803 y la Florida
en 1819, de manera que sólo quedaba por anexar
el área entre Texas y California.

ascendencia *ancestry*

se duplica *is doubled*

a principios *in the early
    part*

ampliar *to increase*

abarcar *to take in*
Nueva Inglaterra *New
    England*

animar . . . a que se
    separaran *to encourage
    . . . to separate
    themselves*

Hubo entonces una migración constante de estadounidenses hacia estas dos provincias mexicanas tan poco pobladas, con el propósito de fomentar una revolución en favor de la independencia. O sea que, aunque el gobierno de los EE. UU. no estuviera cometiendo actos agresivos contra México, su política favorecía esta agresión, ya que aprobaba de antemano la incorporación de esos territorios como nuevos estados. Por razones económicas, la política mexicana también favorecía esta inmigración, ofreciendo tierra a inmigrantes tales como Stephen F. Austin.

El resultado de esta política fue un choque cultural. Como estaba cerca de los Estados Unidos, Texas se llenó de anglos; en 1834 se calculaba que había allí 301.000 anglosajones y sólo 5000 mexicanos. En 1836, los ciudadanos de Texas se declararon independientes de México. Después de la famosa derrota de la misión del Álamo, el ejército texano, bajo el mando de Sam Houston, pudo vencer al ejército mexicano en San Jacinto. Se inició inmediatamente una petición de anexión a los Estados Unidos, pero por razones políticas internas ésta no fue aprobada hasta 1845.

En las provincias de California y Nuevo México la política fue semejante, pero el número de anglos no alcanzó el nivel necesario para imitar el proceso texano. Los Estado Unidos tuvieron que declarar la guerra en 1846 para conseguir esos territorios. Con la ocupación de la ciudad de México en 1847, el gobierno mexicano se vio forzado a aceptar la pérdida de la mitad de su país y el Tratado de Guadalupe Hidalgo fue firmado en 1848.

Por este motivo, a más de 100.000 habitantes mexicanos de esa región se les dio a elegir entre irse a México o quedarse como ciudadanos estadounidenses sin perder ni los bienes ni los derechos que tenían. Sin embargo, el gobierno norteamericano no se mantuvo completamente fiel a esa promesa. Dos días después de haberse firmado el tratado estalló la noticia del

fomentar   to stimulate

de antemano   beforehand

choque   (m) clash

mando   command
vencer   to overcome
anexión   (f) annexation

fue firmado   was signed

*no se mantuvo . . . fiel
did not remain . . .
faithful*
estalló   broke out

descubrimiento de oro en California, lo que contribuyó a aumentar la población de anglosajones de ese estado. En Texas los anglos se aprovecharon de las leyes norteamericanas para confundir la cuestión de la validez de los títulos de propiedad cuando éstos tenían origen en la época colonial de México.

se aprovecharon *took advantage of*
confundir *to confuse*
validez *(f) validity*

El territorio de Nuevo México, que era la región menos poblada, no comenzó a recibir inmigración de los EE.UU. hasta después de 1848, y no fue hasta fines de siglo que los anglos llegaron a constituir una mayoría. La región desde Santa Fe hasta San Luis, Colorado, estaba poblada por españoles que habían estado allí desde el siglo XVII y que en realidad no se habían sentido mexicanos después de la independencia. La región tenía un fuerte sentimiento español, y el hecho de que las misiones católicas habían sido su único lazo con el mundo exterior dio carácter de conflicto religioso entre católicos y protestantes a las luchas entre «anglos» e «hispanos» que hubo durante el siglo XIX.

Sólo en el sur del estado de Arizona existió cierta paz y amistad entre los dos grupos. Tal vez porque los ganaderos mexicanos y anglos tenían que enfrentar a otros enemigos, como el clima severo del desierto y los indios apaches, no se dedicaron a la lucha cultural o racial que caracterizó al resto del suroeste. Pero, hacia fines de siglo, con la llegada del ferrocarril y el descubrimiento de minerales valiosos, también estalló un conflicto en ese territorio.

ganaderos *cattlemen*
enfrentar *to face*

ferrocarril *(m) railroad*

Esta larga época de conflictos dio origen a una serie de anécdotas sobre héroes culturales. En California, un minero chileno o mexicano[2] se rebeló contra las condiciones en que sus compañeros, principalmente mexicanos, debían vivir, y emprendió una campaña de venganza; su nombre, Joaquín Murieta, ha venido a simbolizar

minero *miner*
rebeló *rebelled*

emprendió *undertook*
campaña *campaign*
venganza *revenge*

---

[2]un minero chileno o mexicano *The nationality of Joaquín Murieta is obscure. Many Chileans who had mining experience in Chile were attracted to California during the Gold Rush of the mid-nineteenth century. They, of course, tended to join the Mexican population so that all were considered Mexicans by the Anglo authorities.*

la resistencia del pueblo mexicano. En Texas un bandido llamado Juan Nepomuceno Cortina dominó una gran región del sur del estado entre 1860 y 1875; para asegurarse el apoyo del pueblo
5 adoptó una ideología antianglo. En Nuevo México, Elfego Baca, que era miembro de la policía territorial en Socorro, apresó a un texano—cosa inaudita—y tuvo que resistir solo, durante dos días, el ataque de varios amigos del
10 prisionero. Se cree que ese acto puso fin a la migración de texanos belicosos al territorio.

apresó *captured*

inaudita *unheard of*

belicosos *hostile*

La reacción de los anglos fue la venganza organizada de los «vigilantes» (es interesante—e irónico—el origen del nombre). Se calcula que
15 hubo centenares de «linchamientos» de mexicanos en esta época. Los mexicanos muertos a manos de los anglos llegaron a números espantosos puesto que en la opinión de muchos eso no era un acto criminal.

linchamientos *lynchings*

20 No sorprenderá que esta tradición violenta no haya conducido a una asimilación pacífica. Si los mexicanos hubieran sido inmigrantes, se podría esperar la adaptación tradicional. Si ellos mismos hubieran pedido la incorporación de su tierra a los
25 Estados Unidos, también se podría esperar que tuvieran una actitud favorable. Si se hubiera seguido el artículo octavo del tratado, no habrían tenido reclamaciones contra el gobierno *norteamericano*. Si se les hubiera dado la oportunidad
30 de adaptarse, hoy tal vez no habría problemas. Pero la historia es muy clara: fueron incorporados a la fuerza, desposeídos de sus tierras y relegados a los trabajos más bajos. El resultado fue inevitable.

reclamaciones *(f) claims*

desposeídos *dispossessed*

relegados *relegated*

35 ## II.   Presencia de la cultura hispánica en el suroeste

Cualquier persona que haya viajado por los estados de Texas, Nuevo México, Colorado, Arizona y California habrá visto que existe una fuerte
40 influencia hispánica en los toponímicos, los

toponímicos *place names*

apellidos, la arquitectura, la comida, y aún en la
lengua oída en la calle o en la radio y en la plaza
central de los pueblos pequeños. Si una ciudad
lleva un nombre inglés, se puede estar seguro de
5 que su origen es reciente. Un ejemplo es Phoenix,
en el estado de Arizona. Fue fundada a fines del
siglo XIX como parada del ferrocarril, mucho des-   parada *stop*
pués de Casa Grande, Mesa, Ajo, Yuma, etc. Los
nombres de montañas—Guadalupes, Sangre de
10 Cristo, Sierra Nevada—y de ríos como el Río
Grande (llamado el Río Bravo en México), el
Brazos y el Pecos demuestran el origen de sus
descubridores. Varios nombres españoles de accidentes geográficos, como cañón, arroyo, o mesa,
15 han pasado al inglés por referirse a fenómenos de
esa región.

Tal vez es en el campo lingüístico donde ha
existido más intercambio pacífico entre las dos
culturas. Hay una serie de palabras españolas que
20 fueron incorporadas al inglés como resultado
de ciertas condiciones comunes a todos los habitantes del suroeste. En la cría de ganado los   cría de ganado
mexicanos habían establecido una terminología   *cattle-raising*
que fue adoptada por los anglos: *ranch* (rancho);
25 *lasso* (lazo); *lariat* (la reata); *buckeroo* (vaquero);
burro (burro); *corral* (corral); *hoosegow* (juzgado);
calaboose (calabozo); *vamoose* (vamos). Muchas
palabras españolas son usadas comúnmente en
inglés: patio, rodeo, plaza, fiesta, siesta, tornado.
30 La lista se extiende a centenares de palabras, e
incluye los nombres de plantas indígenas (quinina, saguaro), de animales (puma, coyote), de
platos típicos (tacos, chile con carne), de materiales de construcción (adobe), etc.
35 Claro que el español del suroeste muestra igual
influencia del inglés. Muchas palabras inglesas
son usadas en la lengua diaria y también hay
docenas de anglicismos, o sea palabras tomadas   anglicismos *words from*
del inglés y traducidas o modificadas. Las pala-   *or like English*
40 bras asociadas con el automóvil—brecas, troca,   brecas *brakes*
parquear—frecuentemente derivan del inglés.   troca *truck*
Otro fenómeno es el uso de una traducción literal   parquear *to park*

cuando algo no tiene equivalente adecuado en español: por ejemplo, «escuela alta» *(high school)*, «chanza» *(chance)* o «yarda» *(yard).*

La influencia hispánica también se ve en la arquitectura del suroeste. Es muy común allí el estilo «español» pero muchos de estos edificios fueron construidos entre 1910 y 1930, cuando el estilo estaba de moda en California. Sin embargo, existen numerosos ejemplos de auténtica arquitectura española en las iglesias antiguas y en algunos edificios preservados. Los elementos básicos de esta arquitectura comprenden el uso del adobe, los techos de tejas y vigas de madera labrada, que no se cubren. Paredes de adobe encierran el patio. El decorado suele ser sencillo porque el adobe no se presta a las elaboraciones típicas de los edificios del sur de México. Las ventanas tienden a ser pequeñas y las paredes exteriores gruesas, tanto en las regiones cálidas como en las frías.

Las influencias españolas, en la lengua y en la arquitectura, son muy notables en todos los estados del suroeste y existen, aunque en menor grado, en los estados de más al norte. Se pueden encontrar, sin embargo, marcadas distinciones entre una región y otra. Hay por lo menos cinco regiones culturales hispánicas en el suroeste, debido a los patrones coloniales y luego al movimiento de los pobladores *norteamericanos* del siglo XIX. Geográficamente, estas regiones pueden identificarse así: 1) el sur de Texas; 2) la región que se extiende desde el noroeste de Texas hacia el sur de Nuevo México, Arizona y California; 3) la costa de California; 4) los grandes centros urbanos, creaciones del siglo XX; 5) la región del norte de Nuevo México y el sur de Colorado.

La primera de estas regiones es la poblada en la época colonial por los españoles. Como tenía tierra fértil, es también el área que atrajo a los primeros anglosajones. Por su proximidad al centro de México, fue la región más disputada en la guerra de 1846.

de moda   *in style*

comprenden   *include*
techos   *roofs*
tejas   *tiles*
vigas   *beams*
madera labrada   *carved wood*
encierran   *enclose*
decorado   *decor*
no se presta   *does not lend itself*
gruesas   *thick*
cálidas   *warm*

debido a   *due to*
patrones   *(m) patterns*
pobladores   *(m) settlers*

La segunda región, concentrada en la cría de ganado, tuvo un desarrollo más tardío, pero la llegada del ferrocarril lo aceleró. Es el sitio de las grandes haciendas, como el *King Ranch*. La re-
5 gión también se caracterizaba por los conflictos entre los nuevos pobladores, anglos y mexicanos, contra los indios guerreros.

tardío *late*

guerreros *warlike*

La costa de California era el lugar más poblado por los españoles y por los mexicanos después de
10 1824. Su accesibilidad por mar contribuyó a la actividad, tanto comercial como misionera, de la colonia. Este mismo hecho facilitó la inmigración anglosajona a raíz del descubrimiento del oro en 1848, resultando además en la destrucción de
15 gran parte de la cultura antigua que existe hoy sólo en los nombres de las ciudades.

Las grandes ciudades del suroeste, Los Án- geles, Tucson, Albuquerque, Denver, El Paso, Laredo, San Antonio, reflejan una cultura his-
20 pánica nueva, formada por elementos y acon- tecimientos del siglo XX.

La región entre Santa Fe, Nuevo México y San Luis, Colorado, es la que ha preservado en su estado más puro la antigua cultura española. Es-
25 timulado por las historias de Cabeza de Vaca,[3] en 1539 el Virrey mandó a Fray Marcos de Niza acompañado por el moro Estebanillo en busca de las ciudades fabulosas de Cíbola y Quivira. Al año siguiente, la expedición de Coronado continuó la
30 búsqueda, llegando hasta Kansas, antes de decidir que las leyendas eran mitos o mentiras de los in- dios. La región fue olvidada hasta 1598 cuando un rico de Zacatecas, Juan de Añate, emprendió la colonización.

búsqueda *search*

mitos *myths*

mentiras *lies*

35 Después de fundar algunas poblaciones en la región de Santa Fe, los colonizadores tuvieron que pasar casi un siglo luchando contra los indios pueblos. Finalmente, en 1692, Diego de Vargas

[3]Cabeza de Vaca *Shipwrecked off the coast of Texas, Cabeza de Vaca wandered through much of the Southwest, living with the Indians and learning their legends, including that of the Seven Cities of Cíbola, all made of gold. He finally made it back to Mexico where he reported his adventures and stimulated further official expeditions.*

pudo establecer la paz. Es interesante notar que la
colonia de Santa Fe fue la más segura de todo el
suroeste porque era el único lugar poblado por
indios sedentarios, los pueblos, en una situación
5 bastante parecida a la del Valle de México. El
resto del territorio existía bajo el terror de los
apaches y comanches, indios nómadas y guerreros.

Santa Fe existió como una colonia segura pero
10 aislada de México. A causa de esta separación se   aislada *isolated*
creó una sociedad basada en las prácticas y cos-
tumbres del siglo XVII que cambió muy poco en
años siguientes por falta de contactos culturales.   falta de *lack of*
El viaje de ida y vuelta desde Santa Fe hasta   de ida y vuelta *round trip*
15 Chihuahua llevaba más de cinco meses, y a veces
era usado como prueba para el joven que pidiera   prueba *test*
la mano de una señorita de la colonia. La pobla-   pidiera la mano *asked for*
ción creció más por la asimilación de indios que   the hand
por la llegada de nuevos colonizadores. Después
20 de 1848, cuando el territorio se incorporó a los
Estados Unidos, entró en contacto con la cultura
anglosajona, pero los habitantes persistían, como
persisten aún hoy, en seguir una vida tradicional
en muchos sentidos.
25 Los estudios folklóricos en esta región revelan
la existencia de poesías y canciones procedentes
de la España medieval. También existen dos
ejemplos de artes coloniales: los tejidos de Chi-
mayó y los santeros[4] que labran imágenes de ma-   santeros *saint carvers*
30 dera. Estas imágenes ejemplifican la mezcla de
las culturas española e indígena. Los que han es-
tudiado la lengua de la región notan la presencia
de formas antiguas que ya no existen en el español
moderno.
35 En esta región no han habido tantos conflictos
entre los hispanos y la sociedad anglosajona, probablemente como resultado de casi cuatro siglos
de coexistencia comunal de las dos culturas.

---

[4]los santeros *carvers of saints. A traditional art form involving the creation of images of saints either
from wood or as paintings, frequently on metal. The santeros of northern New Mexico show the
isolation from the mainstream of Mexican culture and the strong indigenous influence of the region.*

III.   Nuevas influencias del siglo XX

La época entre 1900 y 1930 se caracterizó por un desarrollo económico intenso en el suroeste y por una gran necesidad de trabajadores. La fuente natural era el norte de México, donde vivían miles de mexicanos desempleados. La construcción del ferrocarril, las cosechas del algodón, de frutas y legumbres en las tierras regadas por el Río Grande, de betabeles en Colorado y California, todo fue realizado por obreros mexicanos, como ya lo había sido el establecimiento de las industrias minera y ganadera. No sólo fue el trabajo de los mexicanos, también sus conocimientos tecnológicos los que facilitaron este progreso. Los angloamericanos no conocían la técnica de irrigación que los españoles habían aprendido de los árabes ni las técnicas mineras que se habían desarrollado en México en el siglo XVI. El ferrocarril[5] tuvo que seguir las rutas ya descubiertas por los mexicanos. Todo el progreso del suroeste habría sido imposible o mucho más lento sin la población hispánica.

En las tres primeras décadas del siglo la población mexicana de Texas creció en un mil por ciento. El contrabando más importante de toda la frontera consistía en obreros mexicanos; hubo guerras de contrabandistas en las cuales se robaban a los obreros como ganado. Hasta 1930 los mexicanos tenían fama de trabajadores dóciles que harían cualquier tarea sin quejarse. En la década del treinta, sin embargo, bajo la influencia de organizadores sindicales, estallaron varias huelgas de obreros agrícolas en California. Como resultado hubo una tentativa de «repatriar» a miles de mexicanos para reducir el número de personas desempleadas. El único resultado de las huelgas fue la supresión violenta, pero con todo, fueron las primeras tentativas de protesta contra la

desempleados
unemployed
cosechas   *harvests*
algodón   *(m) cotton*
legumbres   *(f) vegetables*
regadas   *irrigated*
betabeles   *(Mex.) sugar beets*
como ya lo había sido
as had been

contrabando   *smuggling*

dóciles   *submissive*
quejarse   *complaining*

sindicales   *union*

repatriar   *to repatriate (deport)*

---

[5]El ferrocarril   *Unlike most railroads, the Southern Pacific was built not following other development but preceding it. The company stimulated the development of the region.*

segregación y los abusos que pesaban sobre los
obreros mexicanos.

    Los sindicatos nacionales, dirigidos por los
trabajadores del este del país, no ofrecieron
5 mucho apoyo a los mexicanos. Al contrario,
ayudaron a mantener el nivel de vida como estaba, al establecer sueldos bajos para la gente de
color y los mexicanos. En toda la región se practicaba esta clase de discriminación racial. Carteles
10 en las tiendas y restaurantes prohibían la entrada a
los mexicanos. Su situación se parecía mucho a la
de los negros en el sur.

    Aunque las primeras huelgas y protestas
fracasaron frente a la policía armada, prepararon
15 la escena para los movimientos de la posguerra
que sí han logrado obtener algunas mejoras.

IV. ≪La Raza≫

Durante la Segunda Guerra Mundial muchas personas de cultura hispánica[6] sirvieron en las fuerzas
20 armadas con mucha distinción. Muchos que no
fueron a la guerra se quedaron a trabajar en las
fábricas y agencias de defensa. Por primera vez
tuvieron contactos con la sociedad anglosajona en
un nivel de igualdad nacida de la necesidad del
25 momento. Todo esto despertó en ellos una nueva
conciencia de sus derechos y posibilidades. Los
veteranos volvieron menos dispuestos a tolerar la
discriminación racial y con ganas de mejorar su
suerte. Además, durante la guerra, el gobierno
30 federal, que necesitaba mantener buenas relaciones con México, había tratado de evitar la
discriminación en el suroeste. Se deseaba evitar la

Glossary (right margin):

pesaban sobre *burdened*

sueldos *salaries*

carteles *(m) signs*

nacida *born*

ganas *desire*
suerte *(f) fortune*

---

[6]personas de cultura hispánica *There is no universally applicable name either in English or Spanish for the people of Spanish ancestry in the United States. Many have been used, Mexican-American being perhaps the most widely accepted. Mexican, Hispano, Spanish-American and Latin American all are ambiguous because of their confusion with foreign areas;* Chicano *and* "La Raza" *imply a somewhat political grouping unacceptable to some members. Government agencies tend to use* "Spanish-surnamed" *because of its factual basis. A recent survey showed* mexicano *to be most acceptable as a self-referent by people in Texas, Arizona and California. In Spanish, of course, that is confusing, as is* mexicanoamericano.

posibilidad de incidentes como el que hubo
cuando un restaurante en Texas se negó a servir al
cónsul mexicano en Houston. Estos incidentes
sirvieron para crear un clima más propicio para la
5 protesta y para la organización de las minorías.

se negó a *refused to*

propicio *favorable*

Sin embargo, hubo poca actividad organizada
hasta 1965 cuando en California estalló de nuevo
el grito de ¡Huelga! entre los obreros agrícolas.
Bajo la dirección tanto práctica como espiritual de
10 César Estrada Chávez, el 16 de septiembre de
1965 (el día de la independencia mexicana)[7] fue
proclamado el Plan de Delano, California. La
huelga de los trabajadores campesinos despertó el
interés de miles de personas, especialmente de
15 los jóvenes, por todo el suroeste. El Plan era un
documento sencillo que proclamaba la solidaridad
de los campesinos mexicanos. Marcó el principio
de una serie de acciones dedicadas a mejorar las
condiciones del obrero. Chávez formó un sin-
20 dicato de campesinos pero su fuerza consistía más
que nada en la unión espiritual e idealista de los
obreros. «La Causa» rápidamente ganó el apoyo
de muchos habitantes urbanos y nació el término
«chicano», de origen desconocido, que fue
25 utilizado para referirse a los adherentes al
movimiento. En la década siguiente, a pesar de
la oposición de los que recordaban «chicano»
como palabra peyorativa, el término ganó más
popularidad.

de nuevo *again*

grito *cry*

campesinos *of the farms*

a pesar de *in spite of*

peyorativa *derogatory*

30 Al extenderse el movimiento a otras regiones
del suroeste se adoptó otro término antiguo: «La
Raza». Según algunos, el origen de la expresión
se encuentra en la misión dada a los españoles en
la época de la conquista de formar «La Santa
35 Raza», es decir, de llevar la fe católica a los pueblos de América. Sea como sea, el término «La
Raza» se ha aplicado por mucho tiempo a la gente
de tradición hispánica para distinguirla de los
anglosajones. Evita la ambigüedad de otros tér-

[7]el día de la independencia mexicana *Mexico declared its independence from Spain on September 16, 1810. A priest in Dolores, Padre Hidalgo, gave what is called "El grito de Dolores" on that day. Many Chicano groups in the U.S. celebrate that day as a show of cultural independence.*

minos como mexicanos, hispanoamericanos o
latinos, los cuales tienden a oscurecer el hecho de   oscurecer   *to obscure*
la nacionalidad estadounidense de esta gente. La
expresión tiene un significado semejante en His-
5 panoamérica donde se celebra el día 12 de octubre
(que en los Estados Unidos se llama *Columbus
Day*) como «El Día de la Raza».

En 1968 este término alcanzó popularidad
cuando se formó un partido político llamado «La
10 Raza Unida». El fundador del partido, Rodolfo
"Corky" Gonzales, fue otro de los hombres caris-
máticos del movimiento. Antes un político del
Partido Demócrata de Denver y oficial de varias
agencias cívicas contra la pobreza, Gonzales se   se desilusionó   *became*
15 desilusionó con la política traditional y creó «La   *disillusioned*
Cruzada para la Justicia». Gonzales se ocupa
principalmente de la pobreza urbana y probablemente ha sido identificado con métodos vio-
lentos de protesta, aunque él mismo rechaza la   él mismo   *he himself*
20 violencia.   rechaza   *rejects*

Gonzales también se ha interesado en la poesía: escribió un poema épico, *Yo soy Joaquín,* que
es tal vez la obra más conocida de la literatura
chicana. Esta afición también caracteriza sus es-   afición   *(f) inclination*
25 fuerzos en «La Cruzada». Además de sus ac-
tividades sociopolíticas, su oficina también aus-   auspicia   *sponsors*
picia una galería de arte chicano, un teatro
chicano y una biblioteca.

Debido a los movimientos de Chávez entre los
30 campesinos y de Corky Gonzales en los barrios
urbanos,[8] se ha experimentado el despertar de
una nueva conciencia de la Raza entre estos
elementos.

Los problemas fueron diferentes en la región de
35 la antigua provincia de Nuevo México, donde la
gente tenía relativamente poco contacto con el
mundo exterior. Esto dio origen al movimiento
más violento y más debatido del suroeste: la   debatido   *controversial*

[8]los barrios urbanos   *The term* barrio, *which means simply "neighborhood" or "city subdivision" in
Spanish, has come to mean the "Chicano ghetto" among the followers of the movement. It is used to
refer to both the bad aspects—poverty, crime, etc.—and the cultural unity implied by geographical
community.*

Alianza Federal de los Pueblos Libres[9] de Reies
López Tijerina. Basándose en el Tratado de
Guadalupe Hidalgo y en las mercedes reales de
los reyes de España, Tijerina se dedicó a con-
5 seguir los derechos del pueblo. Hacia fines del
siglo XIX los inmigrantes angloamericanos habían
usado las leyes norteamericanas sobre la propiedad para tomar las tierras que querían. La justificación era que la tierra no se utilizaba bastante.
10 Por lo general, los habitantes hispánicos no en-
tendían las instituciones americanas ni los impuestos sobre la propiedad. Además, en 1870, el
gobernador del territorio destruyó la mayoría de
los antiguos documentos de propiedad.
15 Tijerina nació en Texas en 1923. Uno de diez
hijos, vivió un tiempo como trabajador emigrante.
Un día, sin embargo, tuvo una experiencia religiosa: soñó que era el elegido de Dios para sacar
a su pueblo de la pobreza. Hizo estudios religio-
20 sos y al mismo tiempo comenzó a investigar la
historia de las tierras concedidas por los reyes en
el norte de Nuevo México. Así se dio cuenta de
que un abogado, Thomas B. Catron, había ganado 600.000 acres in Tierra Amarilla, Nuevo
25 México, con un documento oficial de Santa Fe.
Tijerina decidió establecerse en ese pueblo e inició su Alianza bajo el concepto de que la gente
del pueblo no tenía que someterse a la jurisdicción del gobierno. Después de unos años de
30 manifestaciones pacíficas sin resultado, formó el
«Pueblo Libre de Tierra Amarilla» con su propio gobierno. Con un ataque al centro municipal,
estalló la violencia. Tijerina, actuando como su
propio abogado, pudo ganar su libertad, pero
35 poco después fue encarcelado por haber destru-
ido un letrero del bosque nacional. La Alianza
desapareció rápidamente, pero Tijerina siguió
obrando de acuerdo con su visión religiosa. Sus

Basándose *Based on*
mercedes *(f) grants*
reales *royal*

emigrante *(m) migrant*

someterse *to subject*
  themselves

encarcelado *jailed*
letrero *sign*
bosque *(m) forest*

obrando *working*
alentaron *stimulated*

[9]La Alianza Federal de los Pueblos Libres *The Federation of Free City-States. This name reflects
the basic concept advanced by Tijerina that these cities are not subject to U.S. law because of ancient
rights contained in the original land grants, guaranteed by Article Eight of the Treaty of Guadalupe
Hidalgo.*

actividades alentaron a varios abogados de conciencia social, que han seguido trabajando a favor
de los derechos de los habitantes de la región.

Los movimientos encabezados por estos tres
5 hombres, Chávez, Gonzales, y Tijerina, representan sólo lo más espectacular del nuevo espíritu de la Raza. Hay miles de personas dedicadas
que hacen el aburrido trabajo diario de llamar la   aburrido *boring*
atención de las autoridades sobre la discrimina-
10 ción y la falta de perspectiva para las personas de   perspectiva *prospects*
origen hispánico. A veces tienen éxito, otras no,
pero la inspiración de estas personas asegura la   asegura *assures*
permanencia del movimiento.

Si existe un punto común en todos estos
15 movimientos es tal vez el concepto de Aztlán. En
la leyenda azteca Aztlán era el lugar de origen de
la tribu. Ésta vino del norte y se ha teorizado que
Aztlán era más o menos la región que ocupan hoy
los estados del suroeste de los EE.UU. En 1969
20 un grupo de jóvenes chicanos formuló el «Plan
Espiritual de Aztlán» a fin de dar alguna uni-
dad geográfica, racial y cultural a los diversos   diversos *various*
movimientos. El plan habla de «La Raza de
Aztlán», que incluye a todos los habitantes de
25 procedencia hispánica del suroeste sin distin-   procedencia *origin*
ciones de clase económica o social. Proclama que
la base del progreso para «La Raza» es el tipo de
nacionalismo cultural que puede aportar un sentimiento de orgullo y dignidad a los esfuerzos
30 políticos y económicos. Para alcanzar este orgullo
es preciso tener cierto control económico. El Plan
de Aztlán sirve como un ideal, algo que tiene más
efecto que una simple petición de ayuda   petición *(f) request*
económica. Muchas personas no apoyan este con-
35 cepto porque parece incluir la idea de separatismo
de la cultura anglosajona y estar contra el ideal de
asimilación cultural. Los que sí apoyan el plan lo
interpretan como una proposición de coexistencia de dos culturas. La asimilación no les
40 atrae, lo que es una actitud natural si se tiene en   se tiene en cuenta *one*
cuenta la historia de choques violentos entre las   *takes into account*
dos culturas.

EJERCICIOS

I. Preguntas

1. ¿Cómo llegó a residir en los Estados Unidos la gente de habla española?
2. ¿Cuál es el porcentaje de estos habitantes en el suroeste?
3. ¿Cómo lograron los Estados Unidos incorporar las tierras mexicanas?
4. ¿Cuánto territorio perdió México en la guerra de 1848?
5. ¿De qué siglo data la cultura hispánica del norte de Nuevo México?
6. ¿Qué nombre simboliza la resistencia en California en el siglo XIX?
7. ¿Ha viajado usted por el suroeste de los Estados Unidos?
8. ¿Puede usted dar nombres de ciudades de esa región que procedan del español?
9. ¿Cuáles son algunas palabras españolas usadas comúnmente en inglés?
10. ¿Cuántas regiones distintas hay en la cultura hispánica del suroeste?
11. ¿Cuándo se poblaron el oeste de Texas y el sur de Nuevo México, Arizona y California?
12. ¿Quién fue Cabeza de Vaca?
13. ¿Por qué era la colonia de Santa Fe la más segura?
14. ¿Por qué se necesitaban obreros en el suroeste en el período 1900–1930?
15. ¿Ha trabajado usted en el campo?
16. ¿Le gustaría ir a trabajar a México?
17. ¿Qué técnicas aprendidas de los mexicanos facilitaron el progreso del suroeste?
18. ¿Ha participado usted en alguna huelga?
19. ¿Cuál fue la primera oportunidad de contacto igualitario entre las dos culturas?
20. ¿Qué es «La Causa»?
21. ¿Por qué rechazan algunos la palabra chicano?
22. ¿Quién es Rodolfo Gonzales?
23. ¿Cuál era la base de los esfuerzos de Tijerina?
24. ¿Cree usted que es bueno el concepto de Aztlán?
25. ¿Qué era Aztlán?

II.   Puntos de contraste cultural

1. ¿Cree usted que se debe exigir a la gente de habla hispana en los Estados Unidos la misma actitud que se exige a otros inmigrantes?
2. ¿Por qué existe tanto intercambio lingüístico en la frontera entre dos culturas?
3. El relativo aislamiento de la región de Santa Fe desde el siglo XVII ayudó a impedir el desarrollo de la lengua. ¿Sabe usted de alguna región en los Estados Unidos donde haya ocurrido algo semejante con el inglés?
4. ¿Cree usted que se debe observar hoy día el derecho a la tierra que tiene su origen en las mercedes reales del siglo XVII?
5. ¿Cuál cree usted que es mejor, el ideal de asimilación o el de coexistencia cultural? ¿Tiene eso algo que ver con la raza o con el dominio de una cultura sobre otra?

III.   Ejercicios de vocabulario

A. Dar dos palabras relacionadas.
   Ejemplo: tierra - **territorio, terreno**

   1. poblar -   _____, _____
   2. migración -   _____, _____
   3. incorporar -   _____, _____
   4. adaptar -   _____, _____
   5. obrar -   _____, _____

B. Indicar los sinónimos.

   1. sueldo   a. declarar
   2. destino   b. afición
   3. proclamar   c. letrero
   4. adherentes   d. guerrero
   5. cartel   e. exigir
   6. bienes   f. salario
   7. reclamar   g. aumentar
   8. ampliar   h. miembros
   9. belicoso   i. propiedad
   10. inclinación j. suerte

C. Completar con la forma apropiada de la palabra entre paréntesis.

1. (incluir) Es común la _____ de palabras españolas
   en el inglés.
2. (geografía) Hay cinco regiones _____.
3. (espíritu) Formularon el Plan _____ de Aztlán.
4. (ganado) Estimularon la industria _____.
5. (frontera) Poblaron las provincias _____ sobre la
   región.
6. (folklore) Han hecho estudios _____.
7. (por ciento) Hay un gran _____ de personas desempleadas.
8. (oscuro) La palabra «mexicano» _____ la nacionalidad estadounidense de la persona.
9. (acontecer) Los _____ en Delano crearon una nueva
   conciencia en el país.
10. (ejemplo) Este arte _____ la mezcla de culturas.

IV. Ejercicios de composición dirigida.

A. Completar las frases con las palabras entre paréntesis.

1. El inmigrante llega dispuesto a . . .
   (lengua, costumbres, valores, aprender, adaptarse)
2. El gobierno mexicano estimuló la migración . . .
   (tierra, inmigrantes, ofreciendo, económicas, razones)
3. Los estudios folklóricos en la región de Santa Fe . . .
   (existencia, medieval, canciones, revelan, poesías, España, procedentes)
4. La separación de Santa Fe del resto de México . . .
   (sociedad, cambió, siglo XVII, muy poco, culturales, falta,
   contactos, creó, después)
5. El Plan Espiritual de Aztlán . . .
   (ideal, efecto, petición, simple, económica, ayuda, algo,
   tiene, sirve, como)

B. Completar las frases con información del texto.

1. El gobierno norteamericano estimuló los sentimientos
   separatistas en Texas y California con . . .

2. Si los mexicanos hubieran pedido la incorporación a los Estados Unidos . . .
3. La provincia más poblada después de 1824 fue California porque . . .
4. Aunque las primeras huelgas de la década del treinta fracasaron . . .
5. Algunos rechazan el Plan de Aztlán porque . . .

César Chávez

San Juan, Puerto Rico

UNIDAD 12

Los Estados Unidos y el mundo hispánico

Al examinar la historia de las relaciones entre los
Estados Unidos y los países hispánicos lo que más
sorprende es la larga tradición de desconfianza y   desconfianza *distrust*
de sospechas mutuas que la han caracterizado. Tal   sospechas *suspicions*
5 vez sea por las vastas desigualdades económicas, o
por las profundas diferencias culturales y religiosas, pero lo cierto es que no se encuentran
muchas ocasiones que revelen verdadera amistad   amistad *(f) friendship*
o alianza política. En el caso de España sería posi-
10 ble atribuir esto a la falta de intereses comunes y al
hecho de que la mayor parte del territorio de los
Estados Unidos perteneciera en una época al imperio español. Después de todo, España era un
país colonizador que se identificaba con Europa,
15 pero ése no era el caso de los países hispanoamericanos. Si no hubiera tanta semejanza his-
tórica sería más fácil aceptar la enemistad que   enemistad *(f) enmity*
caracteriza las relaciones entre todos los países
americanos, pero éstos comparten varias tra-   comparten *share*
20 diciones: el pasado colonial, las guerras de independencia, la proximidad geográfica y el
americanismo que ésta produce, un liberalismo
fundamental nacido en el siglo XVIII. Sin em-

bargo, lejos de verificar la teoría de Herbert Bolton[1] sobre «el destino común de las naciones
americanas», la realidad ha sido otra. Un análisis
de la historia de las relaciones interamericanas
5 resulta relativamente pesimista.

I.   Los Estados Unidos, España y la independencia americana

Los primeros contactos importantes entre los Estados Unidos y España ocurrieron en el siglo
10 XVIII. Debido a una larga historia de conflictos
entre España e Inglaterra, los españoles apoyaban   apoyaban *supported*
el movimiento de independencia en las colonias
inglesas. Esta posición se basaba más en el deseo
de ver la pérdida de las colonias que en los prin-
15 cipios filosóficos. Era imposible que España se   se opusiera *would oppose*
opusiera a la idea colonial, porque ella misma
mantenía lo que le quedaba de poder y de pres-
tigio en el mundo, a expensas de su propio im-   a expensas de *at the expense of*
perio colonial. Este imperio compartía una larga
20 frontera con las colonias inglesas y francesas
(aproximadamente a lo largo del río Misisipí). Sin   a lo largo *along*
duda, España pensaba que sería más fácil defen-
der esta frontera contra la nueva nación
pequeña—los Estados Unidos—que contra In-
25 glaterra.

Sea cual fuere el motivo, la realidad es que los   sea cual fuere *whatever might have been*
españoles, aliados con los franceses, comenzaron
a incomodar a los ingleses en Europa, especial-   incomodar *to harass*
mente en Gibraltar, la colonia inglesa es-
30 tratégicamente situada en la península para controlar la entrada al Mar Mediterráneo. Ese lugar,
con las armas del período, era invencible. Sin em-
bargo, el ataque español comprometió a la marina   comprometió *committed, engaged*
inglesa en Europa en el momento más grave de la   marina *navy*
35 guerra en América. No se sabe si esto cambió el
resultado de la lucha pero indudablemente acortó   acortó *(it) shortened*
la guerra y facilitó la victoria de las trece colonias.

[1]Herbert Bolton *One of the best-known historians of the Southwestern United States.*

Poco después comenzó el largo proceso de pérdidas coloniales para España, que siguió hasta 1898, cuando se enfrentó a los Estados Unidos. Bajo la presión e intriga política de Napoleón, Es-
5 paña cedió el territorio del río Misisipí (conocido como Luisiana) a Francia, que después de unos años lo vendió a los Estados Unidos. Poco después, España se vio obligada a vender la región que ahora es el estado de Florida a los Estados
10 Unidos. Además, inspirados por el ejemplo nor-   criollos *native-born of*
teamericano, los criollos hispanoamericanos tam-   *European ancestry*
bién lograron separarse de la madre patria. Ya para 1830 el imperio español se había reducido a las islas del Caribe, las Filipinas y algunas colonias
15 pequeñas en la costa de África. Los Estados Uni- dos fueron uno de los primeros países en recono- cer la legalidad de las nuevas naciones, con ex- presiones de simpatía ideológica y moral. Aunque   simpatía *congeniality*
los Estados Unidos habían mantenido una posi-
20 ción de neutralidad durante la guerra, una vez que estuvo asegurada la victoria de las colonias,   asegurada *assured*
declararon su apoyo en la famosa Doctrina Mon- roe (1823) que proclamaba la soberanía del hemis-   soberanía *sovereignty, rule*
ferio sobre su propio destino y decía además que
25 los Estados Unidos no mirarían con indiferencia cualquier tentativa de imponer un sistema europeo en el continente.[2]

Después de esta época, el problema básico en las relaciones entre España y los Estados Unidos
30 hasta 1898 fue el caso de la isla de Cuba. Aunque Cuba fue parte del imperio, siempre existían sen- timientos de independencia. Los Estado Unidos, al mismo tiempo, valoraban la isla y no hay duda   valoraban *valued*
de que querían anexarla a la unión norte-
35 americana. Había más posibilidades que esto ocurriera si Cuba era independiente y no una co- lonia española. En 1848, los Estados Unidos se ofrecieron a comprar el territorio alegando como   alegando *claiming*
motivo el peligro de que cayera en manos de otro

[2]Doctrina Monroe   *So called because it was expressed by President James Monroe in a message to Congress in 1823.*

poder europeo. El Presidente Buchanan ofreció
$50.000.000, pero en 1854 se llegó a ofrecer
$120.000.000 por la isla. En ese mismo año el
gobierno norteamericano tomó una posición algo
5 agresiva basada en el peligro que podría representar Cuba para los Estados Unidos: si la isla cayera
en manos de otro poder o si siguiera importando
esclavos africanos—lo que ya era un problema en
los Estados Unidos—los Estados Unidos tendrían
10 el derecho de tomarla por la fuerza. Esta política,
que siguió en efecto hasta fines del siglo, sirvió de
base a la invasión de 1898.

    Existió un sentimiento a favor de la inter-
vención durante el resto del siglo, pero ciertas
15 consideraciones políticas impedían la acción   impedían   *stalled*
inmediata. En 1895, sin embargo, los Estados
Unidos comenzaron a sentirse suficientemente   suficientemente fuertes
fuertes como para apoyar la rebelión iniciada por   *strong enough*
los patriotas cubanos bajo la inspiración de José
20 Martí. Ciertos intereses económicos en los Estados Unidos usaron la ocasión para excitar la
opinión pública. Ya para 1898 el sentimiento a
favor de la guerra era tal entre el pueblo norteamericano que habría sido difícil evitarla.
25 Cuando el acorazado *Maine* explotó en el puerto   acorazado   *battleship*
de La Habana, la causa, desconocida hasta ahora,
fue atribuida a una mina explosiva colocada por los
españoles. En abril de 1898, el Presidente
McKinley pidió al Congreso permiso para entrar
30 en la guerra entre Cuba y España.[3] Alegó como
justificación cuatro razones: 1) el deseo humani-
tario de poner fin a la matanza, 2) la necesidad   matanza   *slaughter*
de proteger a los ciudadanos norteamericanos   ciudadanos   *citizens*
residentes en Cuba, 3) la protección del comer-
35 cio entre Cuba y los Estados Unidos, 4) la ame-   amenaza   *threat*
naza que significaba la guerra para los estados

---

[3]guerra entre Cuba y España   *Called the Spanish-American War in U.S. history. It began as a struggle by Cuba for independence. José Martí was one of the inspirational leaders of the movement. The Hearst newspapers were in a circulation war with the Pulitzer papers, and both sent reporters to Cuba to file sensational stories which had the effect of inflaming public opinion in the U.S. The Main incident was the final factor.*

situados a poco distancia de la isla. La guerra
duró menos de un año, durante el cual la marina
norteamericana tomó Cuba, Puerto Rico y las
Filipinas. El tratado de paz firmado en París en   firmado *signed*
5 diciembre de 1898 cedió las Filipinas, Puerto Rico
y la isla de Guam a los Estados Unidos y dejó a
Cuba bajo el control de una fuerza norteamericana de ocupación. La guerra marcó el fin del
imperio colonial de España en América. A causa
10 de ella, surgió en la península un movimiento   surgió *there arose*
cultural llamado La Generación del 98, que
buscaba la causa de la decadencia de España y
la manera de volver a la grandeza anterior.

En la actualidad, las relaciones entre España y
15 los Estados Unidos se basan en el apoyo que éstos
dan al gobierno a cambio de bases aéreas que han   bases aéreas *air bases*
facilitado la presencia norteamericana en Europa
y el Medio Oriente.   Medio Oriente
Middle East

II. Los Estados Unidos y las nuevas
20   naciones americanas

Después del reconocimiento diplomático de   reconocimiento *recognition*
Cuba, los Estados Unidos se ocuparon durante el
siglo XIX de las otras fronteras—las de Texas y
California, que todavía restringían la expansión   restringían *restricted*
25 norteamericana, por pertenecer a México. La
Doctrina Monroe fue ampliada para incluir no
sólo una prohibición de la colonización sino también de cualquier intervención diplomática. Esto
se hizo porque el Presidente Polk temía que los
30 europeos se mezclaran en el problema de Texas,   se mezclaran *would
meddle*
pero fue el principio de una política dominadora
de los Estados Unidos hacia México. Los Estados
Unidos ayudaron a los Texanos y también a los
ciudadanos de California que buscaban la inde-
35 pendencia de México. Al lograr la independencia,
Texas pidió incorporarse a los Estados Unidos. La
petición fue aceptada y México—aunque no se
hallaba en condiciones de sostener esta lucha—

inmediatamente declaró la guerra contra los Estados Unidos. Por el tratado de Guadalupe Hidalgo (1848), que puso fin a la guerra, los mexicanos se vieron obligados a aceptar la pérdida
5 de casi la mitad de su territorio nacional, incluidos Texas, California, Nuevo México, gran parte del estado de Arizona y toda la región al norte de estos estados. Cinco años más tarde, por el Tratado de Gadsden, los Estados Unidos compraron otra faja
10 de tierra en el sur del estado de Arizona porque ofrecía una ruta hacia el Océano Pacífico, algo que el gobierno consideraba necesario para el desarrollo de California. Como consecuencia, el gobierno mexicano quedó en pésimas condiciones,
15 lo que preparó la situación para la primera verdadera prueba de la Doctrina Monroe.

Debido al costo de la guerra contra los Estados Unidos, el gobierno mexicano bajo Benito Juárez se vio obligado a suspender el pago de los prés-
20 tamos que le habían hecho varios gobiernos europeos. Inglaterra, Francia y España se pusieron de acuerdo sobre la necesidad de intervenir con una fuerza militar para proteger sus intereses.[4] En realidad, veían la posibilidad de
25 establecer una colonia en América. El más interesado era Napoleón III, que tramó el plan y mandó a Maximiliano a México. A pesar de que la Doctrina Monroe prohibía tales invasiones, los Estados Unidos, que en ese momento se hallaban
30 en medio de la Guerra Civil, no pudieron evitarla y los mexicanos tuvieron que defenderse solos sin la ayuda de los Estados Unidos.

Durante la segunda mitad del siglo XIX, los Estados Unidos siguieron una política de expan-
35 sión. Una tentativa de conseguir más territorio de México fracasó cuando el Congreso rechazó el tratado. El gobierno de la República Dominicana pidió ser incorporado al territorio de los Estados Unidos y éstos pasaron unos años tratando de con-

pérdida *loss*

faja *strip*

en pésimas condiciones *in a terrible situation*

prueba *test*

se vio obligado a *had to*
préstamos *loans*

se pusieron de acuerdo *agreed*

tramó *conceived*

rechazó *rejected*

[4]para proteger sus intereses *Default on debt payments was mainly an excuse. Napoleon III sent Maximilian, Archduke of Austria, to take over and become Emperor of Mexico. A large group of Mexican conservatives supported this ill-fated move.*

seguir la isla.[5] El Presidente Grant justificó este
paso en términos comerciales y humanitarios:
quería detener la importación de esclavos africanos en el Caribe. Pero Grant tuvo que luchar
5 contra la oposición del Congreso y a pesar de sus
actividades militares en la isla, nunca pudo lograr
que el poder legislativo aceptara anexarla. La
única empresa que tuvo éxito fue la compra de
Alaska de los rusos.

10   Otra cuestión que interesaba a los Estados Unidos en esta época era la posibilidad de construir
un canal en Centroamérica. Las ventajas implíci-
tas en ese canal eran grandes para cualquier país
que utilizara el mar. El mejor lugar para el canal
15 era el istmo de Panamá, que formaba parte de
Nueva Granada, ahora Colombia. El tratado con
Nueva Granada en 1846 y el Tratado Clayton-
Bulwer con Inglaterra en 1850 tenían como propósito asegurar los derechos de los Estados Uni-
20 dos sobre cualquier canal o ferrocarril que fuera
construido en la región. El tratado con Inglaterra
también buscaba imponer límites al establecimiento de colonias inglesas en la región y comprometía a los Estados Unidos a garantizar la
25 neutralidad de un futuro canal. Proclamó, además, que cualquier canal del futuro no sería propiedad de los Estados Unidos.

   Así estaba la situación a fines del siglo XIX.
Hasta ese momento las relaciones entre todos los
30 países americanos habían demostrado cierta unidad contra las continuas amenazas europeas. La
Doctrina Monroe no parecía ser un documento
imperialista, sino uno que afirmaba la independencia de todas las naciones americanas. La úl-
35 tima década del siglo, sin embargo, abrió una
nueva época en las relaciones interamericanas,
caracterizada por declaraciones de unidad cada
vez más fuertes y por actos cada vez más agresivos
de parte de los Estados Unidos.

Glosario:

paso *step*
detener *to stop*

empresa *undertaking, venture*
rusos *Russians*

istmo *isthmus*

propósito *purpose, intent*

imponer *to impose*
comprometía *committed*

amenazas *threats*

cada vez más fuertes *stronger and stronger*

[5]la isla *The island of Santo Domingo had been divided into Haiti and the Dominican Republic. Haiti, a former French colony, constituted a base for French colonial incursions. Because of that and the Dominican Republic's strategic value, interests in the U.S. were continually trying to take it. Also, the island was a slave port and after the Civil War the U.S. was strongly anti-slavery.*

III. El panamericanismo y
«el coloso del norte»

En 1889, a petición de los Estados Unidos, tuvo
lugar la primera reunión panamericana en Wash-
5 ington. Hubo otras en 1902 en México, 1906 en
Río de Janeiro y en 1910 en Buenos Aires. Aunque el gobierno norteamericano siempre apoyó
estas reuniones, sus acciones no contribuyeron
a una idea de amistad y alianza. Primero, los
10 Estados Unidos participaron en la guerra contra España, que resultó en la adquisición de
Puerto Rico por parte de los norteamericanos y
la ocupación de Cuba por un tiempo no deter-
minado. Esto, junto con el hecho de que los Es-
15 tados Unidos no daban indicios de terminar la   no daban indicios de *gave*
ocupación, aumentó la desconfianza de los estados   *no indication of*
hispanoamericanos.

Otro aspecto de la política norteamericana
hacia Cuba fue la declaración en 1901 de ciertas
20 prohibiciones contra el gobierno cubano:[6] 1) éste   éste *the latter (the Cuban*
no permitiría fuerzas de otras naciones en la isla,   *government)*
2) no contraería deudas excesivas, 3) daría a los   no contraería *would not*
Estados Unidos el derecho de intervención para   *contract, acquire*
proteger la «independencia» del país, 4) ven-   deudas *debts*
25 dería a los Estados Unidos la tierra necesaria para
establecer una base en la isla. En pocas palabras,
el gobierno norteamericano pensaba asumir el
papel de «protector» del nuevo gobierno cubano.
30 Debido a ciertas reclamaciones de parte de   reclamaciones *(f) claims*
países europeos sobre deudas del gobierno
dominicano, apareció la amenaza de otra invasión
semejante a la que había ocurrido antes en   semejante *similar*
México. Esta vez los Estados Unidos decidieron
35 actuar primero, y en 1905 se apoderaron de la   se apoderaron de *they took*
aduana de la isla para distribuir el dinero a los   *over*
gobiernos europeos.   aduana *customshouse*

[6]prohibiciones contra el gobierno cubano *This is known as the Platt Amendment (to the Military
Appropriations Bill of 1904). It was symbolic of U.S. arrogance for many years in Latin America. It
was mentioned in the Cuban Missile Crisis of 1962 since that case, too, involved threatened intervention.*

Los recelos hispanoamericanos aumentaron como resultado de una proclamación del Presidente Theodore Roosevelt en 1904 en la que se extendía la Doctrina Monroe para incluir el dere-
5 cho norteamericano de intervenir en los asuntos de los otros países en caso de una amenaza a su estabilidad y orden internos. Esta idea, llamada el «corolario de Roosevelt a la Doctrina Monroe» es clasificada por la mayoría de los historiadores
10 como la cumbre de la arrogancia norteamericana en las relaciones interamericanas. Roosevelt dijo que no había peligro de intervención en los países que «se portaran bien» y que mostraran su capacidad de gobernarse «de una manera eficaz y
15 decente». En casos de «errores crónicos» los Estados Unidos se verían obligados a actuar como «policía internacional» para restaurar el orden y la civilización en el país.

Haciendo uso de esta doctrina el Presidente
20 Taft mandó fuerzas militares a varios países centroamericanos que amenazaban sufrir algún problema interior. Uno de los efectos negativos de esta política era que tendía a favorecer a los dictadores en lugar de los partidos más democráticos.
25 Taft creó también la «diplomacia del dólar», una tentativa de reemplazar las inversiones europeas en Hispanoamérica con dólares norteamericanos, lo que ayudaría a eliminar la amenaza europea a la soberanía de estos países. Si
30 no pagaban las deudas, los únicos que se quejarían serían los financieros norteamericanos, y el gobierno garantizaría las deudas. Los que se oponían a esta táctica declaraban que los países pequeños llegarían a ser casi propiedad de los Es-
35 tados Unidos. La intervención resulta mucho más fácil cuando no hay necesidad de ponerse de acuerdo con otros gobiernos acreedores.

La última, y probablemente la más importante de las intervenciones de los Estados Unidos fue la
40 construcción del canal de Panamá. Hacia fines del siglo pasado el canal asumió gran importancia en la política estadounidense a causa de la atracción

recelos   *suspicions*

cumbre   *(f) height*

se portaran bien   *behaved well*
eficaz   *efficient*
crónicos   *chronic, severe*

restaurar   *to restore*

reemplazar las inversiones   *replace investments*

llegarían a ser   *would become*

acreedores   *creditor*

estadounidense   *of the U.S.*

comercial del Lejano Oriente y de la necesidad
militar de proteger las dos costas de los Estados
Unidos. Después de conseguir de Inglaterra el
derecho de construir y dirigir el canal por su
5 propia cuenta, los Estados Unidos tuvieron que
entrar en un acuerdo con Colombia, por cuyo territorio iba a pasar el canal. Sin embargo, cuando
iba a concluirse el tratado con Colombia el congreso de ese país rehusó aceptar los términos,
10 porque querían aclarar algunos artículos relacionados con los derechos reservados a su propio
gobierno. Mientras se debatía el problema, estalló una revolución en la región de Panamá, una
provincia de Colombia, para la independencia.
15 Los colombianos pensaron que los Estados Unidos habían fomentado la rebelión, ya que después de tres días, Roosevelt reconoció al nuevo
gobierno y comenzaron las conversaciones sobre
un tratado de concesión por el cual los Estados
20 Unidos conseguían el derecho de construir el
canal, de dirigirlo para siempre y de incorporar la
tierra por la cual pasaba, como territorio nacional.

Esta serie de acciones no hizo más que aumentar la desconfianza ya existente de los diplomáti-
25 cos hispanoamericanos, a pesar de las bellas palabras pronunciadas por los representantes de los
Estados Unidos en los congresos interamericanos.

Durante la presidencia de Woodrow Wilson la
situación mejoró un poco. Wilson disminuyó el
30 poder de la Doctrina Monroe, rechazando el concepto impuesto por Roosevelt. Además sugirió el
principio de que ningún país debería permitir que
fuerzas rebeldes de otros países se prepararan en
el territorio del país vecino. Wilson también
35 apoyó las fuerzas de la revolución en México,
basándose en su idealismo acerca de las formas de
gobierno. Hasta entonces, los Estados Unidos habían operado siempre bajo el principio de que el
gobierno «de facto» sería el aceptado, sin con-
40 sideración de su derecho legal al poder. La decisión de Wilson en el caso de México fue más o
menos popular, pero las implicaciones para otros

Lejano Oriente *Far East*

por su propia cuenta *on its own*

rehusó *refused*

no hizo más que aumentar *only increased*

permitir . . . preparan *allow rebel forces of other countries to be prepared*

«de facto» *existing, de facto*

casos inspiraban cierto recelo, de modo que esta
política fue cambiada por el Presidente Hoover
unos años después.

Hubo otras intervenciones en la América Cen-
5 tral durante la segunda década del siglo y no fue
hasta 1936, durante la presidencia de Franklin
Roosevelt—quien inició la política del «Buen
Vecino»—que comenzó a haber cambios notables en las relaciones entre los Estados Unidos e
10 Hispanoamérica. Esta política rechazó varias
prácticas del pasado y condujo a algunos tratados:
proclamaba la prohibición de la intervención y de
la guerra entre países del continente. Al estallar la
guerra en Europa casi todos los países de América
15 se declararon aliados, por lo que durante los años
de la Segunda Guerra Mundial hubo paz y amistad entre los Estados Unidos y los países hispanoamericanos.

IV. Las relaciones en la época de la posguerra

20 Casi todas las relaciones norteamericanas después
de la guerra estaban influenciadas por la «Guerra
Fría» entre los Estados Unidos y la Unión
Soviética. Los aliados hispanoamericanos ocuparon un lugar importante en este juego diplomático
25 porque casi todos tenían gobiernos conservadores, pero al mismo tiempo veían el nacimiento
de nuevos movimientos izquierdistas. Por lo general, aunque estos movimientos mostraban una
ideología de izquierda, sus lazos con el movi-
30 miento comunista internacional eran débiles.
Sus intereses tendían a ser nacionalistas, anti-
norteamericanos y anticapitalistas. Atraían frecuentemente la atención y a veces el apoyo de
los partidos comunistas, lo que les ganaba la
35 enemistad del gobierno estadounidense.

En base a los acuerdos y tratados interamericanos, los Estados Unidos comenzaban a formular tratados de seguridad mutua. Los gobiernos conservadores firmaban con gusto estos

---

recelo *fear, suspicion*

«Buen Vecino» *"Good Neighbor"*

condujo a *led to*

al estallar *upon the outbreak of*

izquierdistas *leftist*

débiles *weak*

atraían *they attracted*

en base a *based on*

seguridad mutua *mutual security*
con gusto *with pleasure*

acuerdos porque contenían garantías de estabilidad interna e iban acompañados de ofertas de ayuda económica en forma de armas modernas. Puesto que estos dictadores generalmente mantenían su poder gracias a las fuerzas militares, las armas representaban una ayuda efectiva contra cualquier grupo rebelde. De nuevo, la política norteamericana aparecía como una política dominadora que exigía cierta conducta de los países vecinos a cambio de la ayuda económica y la amistad. Esta nueva actitud fue formalizada en el Tratado de Río de Janeiro[7] de 1947, que era en realidad una alianza militar—la primera de este tipo para los Estados Unidos desde 1778 cuando el nuevo gobierno había aceptado la ayuda francesa.

En 1948 los representantes de 21 repúblicas se reunieron en Bogotá para el Noveno Congreso Internacional de Estados Americanos. En medio de tumultos y violencia[8] se formularon los principios de un nuevo cuerpo: la Organización de Estados Americanos, que primero se había llamado La Unión de Repúblicas Americanas y luego El Sistema Interamericano. La nueva organización, además de reconocer el alto nivel de actividad nacida durante la guerra, creó un consejo permanente de defensa para coordinar la cooperación militar, es decir, la venta de armas y el entrenamiento de oficiales. La Unión Panamericana fue designada como Secretariado de la organización y el órgano principal de las relaciones culturales.

Después de la formación de la OEA las relaciones interamericanas sufrieron un largo período de descuido de parte de los Estados Unidos, con excepción de aquellos casos de crisis. Todos los tratados prohibieron explícitamente la

---

iban acompañados de *were accompanied with*
ofertas *offers*

a cambio de *in exchange for*

tumultos *riots*

además de *in addition to*
consejo *council*

entrenamiento *training*

descuido *neglect*

---

[7]Tratado de Río de Janeiro *Known as the Rio Pact. The full name: Inter-American Treaty of Reciprocal Assistance. It expressed adherence to the recently formed United Nations and declared the intention to settle disputes peacefully. It also declared that an armed attack against any American State constituted an attack against all.*

[8]tumultos y violencia *Known as the Bogotazo; rioting and burning broke out when a popular political leader was assasinated. The conference seemed to be part of the motive.*

intervención abierta al estilo de Taft y Coolidge, pero, durante la década de 1950 el celo anticomunista del gobierno norteamericano lo llevó a mezclarse en los asuntos internos de algunos 5 países para que los comunistas no ganaran ninguna ventaja.

celo *zeal*

El caso más notable fue el de Guatemala. El Partido Comunista logró alguna influencia en el gobierno de Jacobo Árbenz Guzmán, un presi- 10 dente reformista con ideología de izquierda. La oposición, encabezada por el General Carlos Castillo Armas, preparaba una revolución en el vecino país de Honduras. Árbenz aceptó la ayuda ofrecida por la Unión Soviética, lo que despertó el 15 interés de los Estados Unidos. Éstos ofrecieron ayuda secreta a Castillo Armas, en forma de armas y de entrenamiento, que fue llevado a cabo por la Agencia Central de Inteligencia. Esto hizo posible el triunfo de la revolución en 1955, a la que 20 han seguido 20 años de inestabilidad y violencia. Aunque los Estados Unidos negaron sus acciones durante diez años, la admitieron después. Con un caso comprobado, los hispanoamericanos comenzaron a culpar a los Estados Unidos cada vez que 25 ocurría un incidente semejante. Los Estados Unidos siempre han negado su interés en estas situaciones, pero han ocurrido otros casos, como el de la Bahía de Cochinos en Cuba en 1961, donde la misma táctica fue empleada, en esa oca- 30 sión sin éxito.

encabezada *headed*

llevado a cabo *carried out*

negaron *denied*

caso comprobado *proven occurrence*
culpar *to blame*

Bahía de Cochinos *Bay of Pigs*

Desde 1959 Cuba ha sido el caso más importante en las relaciones interamericanas. Una de las razones es la misma de hace un siglo—la proximidad geográfica de la isla a los Estados Unidos. 35 La otra razón es que Fidel Castro se ha ganado bastante simpatía en Hispanoamérica explotando su papel de jefe de un país pequeño y débil, que ha podido burlarse de los deseos del gobierno norteamericano. Además, Castro se ha ocupado en 40 crear y apoyar movimientos semejantes en otros países.

burlarse *to mock*

El movimiento del «26 de julio» atrajo el in-

terés del gobierno norteamericano durante los
años de lucha porque a éste le parecía que era un
movimiento nacional con aspiraciones de justicia
y reforma social. Poco después de ocupar el
5 gobierno, sin embargo, Castro declaró su adhe- adhesión *(f) loyalty*
sión al marxismo y, más importante, al comu-
nismo. Algunos vieron en esta declaración una
simple afirmación filosófica sin mucho significado
práctico, pero el gobierno norteamericano esta-
10 bleció una postura de oposición que caracterizó postura *position*
todas las relaciones posteriores entre los dos
países.

 El Presidente Kennedy formuló una nueva
política hacia Latinoamérica llamada «La Alianza
15 para el Progreso». El nuevo programa era un es- esfuerzo *effort*
fuerzo continental de cooperación, cuya base era
la oferta de ayuda económica en casos donde el
gobierno local demostrara algún esfuerzo propio,
es decir, donde se pudiera formar una alianza
20 entre la ayuda norteamericana y el capital nativo
para un programa de desarrollo. Este plan atrajo
mucho interés entre los intelectuales americanos
por su indiscutible idealismo. En la práctica, sin
embargo, logró muy poco. Los que se oponían al
25 plan decían que los Estados Unidos querían
ejercer control sobre el desarrollo de la región y
evitar así que se formaran más gobiernos izquierdistas. De todos modos, no logró cambiar la opinión de los hispanoamericanos, quienes todavía
30 ven en los Estados Unidos al «coloso del norte».

 En los últimos años se ha puesto mucha atención en el desarrollo de las grandes compañías
internacionales. Algunos observadores han no-
tado que éstas tienden a crear su propia política;
35 el caso de la ITT en Chile es un ejemplo. Estas
compañías, con sus presupuestos de muchos presupuestos *budgets*
billones de dólares, son mayores que algunos
gobiernos y constituyen nuevas instituciones
en las relaciones interamericanas.

40 Resumiendo, las relaciones entre los Estados
Unidos y los países hispánicos han tenido una historia de conflictos y problemas. Es una lástima

que no hayan podido establecer entre ellas un
tono de confianza y respeto mutuos. Es intere-   confianza *trust*
sante notar que un latinoamericano o español y
un norteamericano pueden llegar fácilmente a
5 ser buenos amigos a pesar de sus diferencias culturales, religiosas o económicas. Pero, cuando
estas diferencias se elevan al nivel nacional se   se elevan *are raised*
vuelven verdaderos obstáculos para la paz y com-
prensión que todo el mundo, en el fondo, desea.   en el fondo *basically*

EJERCICIOS

I.   Preguntas

1. ¿Cómo se pueden caracterizar las relaciones entre los Estados Unidos y el mundo hispánico?
2. ¿Cuáles son algunos factores que tienen en común los países americanos?
3. ¿Cómo ayudó España a las trece colonias?
4. ¿Cuál fue la actitud norteamericana hacia la independencia hispanoamericana?
5. ¿Ha visitado usted España?
6. ¿Cuáles son algunas diferencias culturales entre España y los Estados Unidos?
7. ¿Cómo quedó el imperio español después de 1898?
8. ¿Qué es la Doctrina Monroe?
9. ¿Cuándo se incorporaron Texas y California a los Estados Unidos?
10. ¿Por qué tenían los Estados Unidos tanto interés en la América Central?
11. ¿Qué dos océanos conecta el Canal de Panamá?
12. ¿Quién es el «coloso del norte»?
13. ¿Por qué ha sido Cuba tan importante en la política de los Estados Unidos?
14. ¿Qué significa la diplomacia del dólar?
15. ¿Qué presidente creó la política del «Buen Vecino»?
16. ¿Ha conocido usted a algún hispanoamericano?
17. ¿Cómo fueron las relaciones interamericanas durante la Segunda Guerra Mundial?

18. ¿Favorece la política norteamericana a los dictadores?
19. ¿Cuál fue el papel de los Estados Unidos en la rebelión de Castillo Armas en Guatemala?
20. ¿Cómo son las relaciones interamericanas en la actualidad?
21. ¿Cree usted que se necesita la OEA?
22. ¿Qué fue la «Alianza para el Progreso»?
23. ¿Ha viajado usted por Hispanoamérica?

II. Puntos de contraste cultural

1. ¿Cuáles son las causas de la enemistad entre los gobiernos hispanoamericanos y los Estados Unidos?
2. ¿Qué diferencias hay entre los motivos básicos de la política internacional de los Estados Unidos y los de un país hispánico?
3. En Puerto Rico hay un intenso contacto entre las dos culturas. ¿Cuál ha sido el resultado? ¿Cree usted que Puerto Rico debe separarse de los Estados Unidos?
4. ¿Cree usted que es posible tener unidad en el hemisferio occidental? ¿Por qué?

III. Ejercicios de vocabulario

A. Completar.

1. El comunismo es una política _____.
2. Cuba ha sido importante por su _____ geográfica.
3. La «_____ para el Progreso» fue muy popular entre los intelectuales norteamericanos.
4. Los Estados Unidos recibieron California por el _____ de Guadalupe Hidalgo.
5. La Doctrina Monroe fue una respuesta a las _____ europeas de volver a colonizar América.

B. Dar la forma apropiada de la palabra entre paréntesis.

1. (prohibir) El tratado contiene _____ contra la intervención.
2. (Estados Unidos) La política _____ se basaba en la «Guerra Fría».

3. (ideal) Ese programa es caracterizado por un tono
_____.

4. (ideología) El movimiento tiene semejanzas _____
con el comunismo.

5. (colonia) España fue un país _____.

C. Completar según el ejemplo.

Ejemplo: colonia colonial colonialista colonizar colonización

1. nación _____ _____ _____ _____
2. forma _____ _____ _____ _____
3. género _____ _____ _____ _____
4. idea _____ _____ _____ _____

D. Dar otra palabra relacionada.

Ejemplo: común → comunidad

1. aliar _____
2. diferente _____
3. semejante _____
4. simpático _____
5. intervenir _____
6. diplomático _____
7. garantizar _____
8. violento _____
9. actual _____
10. desconfiar _____

IV. Ejercicios de composición dirigida

A. Completar las frases con las palabras entre paréntesis y otras
necesarias.

1. Si no hubiera tanta semejanza histórica . . .
(fácil, enemistad, caracteriza, relaciones, sería, aceptar,
interamericanas)

2. La realidad es que los españoles . . .
(especialmente, Gibraltar, comenzaron, incomodar, ingleses)

3. La Doctrina Monroe . . .
(hemisferio, destino, sobre, soberanía, proclamaba, propio)
4. El interés en Centroamérica se debía a . . .
(construir, posibilidad, canal)
5. En 1948 se reunieron los representantes . . .
(Internacional, Americanos, Estados, Congreso, Noveno, para)

B. Completar las frases.

1. En el siglo XVIII era imposible que España . . .
2. Las bases para la guerra contra México eran . . .
3. La política del «Buen Vecino» rechazó . . .
4. Los tratados de la posguerra se dedicaban . . .
5. Fidel Castro ha ganado simpatía en Hispanoamérica . . .

Vocabulario

This vocabulary does not include Spanish words that are exact cognates of English ones. The gender of nouns is listed except masculine nouns ending in **-o** and feminine nouns ending in **-a, -dad, -tad, -tud,** or **-ión.** Adverbs ending in **-mente** are not listed if the adjectives from which they are derived are included.

Abbreviations

adj	adjective	*part*	participle
adv	adverb	*pl*	plural
Am	American	*pret*	preterite
f	feminine	*pron*	pronoun
fig	figurative	*refl*	reflexive
m	masculine	*subj*	subjunctive
n	noun		

A

abajo   below
abandonar   to abandon
abarcar   to include, comprise
abertura   opening
abierto   open; opened
abogado,-a   attorney, advocate
abrir   to open
abrumador   overwhelming, wearying
absoluto   absolute
abstracto   abstract
abuela   grandmother
abuelo   grandfather; los
   abuelos   grandparents
abundancia   abundance, plenty
abundante   abundant, plentiful
abundar   to abound, be plentiful
aburrido   bored; boring
abuso   abuse
acabar   to end up; to have just
académico   academic
acariciar   to caress
acceder   to accede, give in
accesibilidad   accessibility
acción   action; act
acelerar   to speed up, accelerate
aceptar   to accept, admit
acerca (de)   about, regarding
aclarar   to clarify
acompañar   to accompany, go along
acontecer   to happen, occur
acontecimiento   event, occurrence
acorazado   battleship
acortar   to shorten, cut short
acostar   to put to bed
acostumbrado   accustomed; customary
acostumbrarse (a)   to be used to; to
   customarily (+ verb); to become
   accustomed to
acreedor,-a   creditor
actitud   attitude
actividad   activity
activo   active
acto   act; action
actriz   *f*   actress
actual   current, present, contemporary
actualidad   current time, the present
actuar   to act, act as

acuerdo   accord; **de acuerdo con**   in
   agreement with; **estar de acuerdo**   to
   be in agreement; **ponerse de**
   acuerdo   to reach an agreement
acumular   to accumulate
acusar   to accuse, blame
adaptarse   to become adapted, adapt
adecuado   adequate
adelante   ahead; **más adelante**   later on
además   moreover, besides, in addition;
   además de   in addition to
adherente   *m or f*   supporter, adherent
adhesión   support, belief in
administrar   to administer, run
administrativo   administrative
admirable   wonderful, awesome
admitir   to admit; to allow; to accept
adobe   *m*   adobe (bricks made of clay and
   straw)
adoptar   to adopt, take up
adorar   to worship
adornar   to decorate, adorn
adorno   decoration, adornment
adquirir   to acquire
adquisición   acquisition
aduana   customhouse; customs
adulto,-a   *noun and adj*   adult
aéreo   *adj*   air
aeropuerto   airport
afición   inclination; fondness; taste
afinidad   affinity, resemblance
afirmación   assertion, affirmation
afirmar   to affirm, assert
afuera   *adv*   outside
agencia   agency, bureau
agotar   to exhaust, dry up, run out
agrario   agrarian, agricultural
agresión   aggression
agresivo   aggressive
agrícola   *m or f*   agricultural
aguardiente   *m*   brandy, liquor
águila   eagle
ahogado,-a   drowned person
ahorrar   to save (as money)
aire   *m*   air; **al aire libre**   outside, in the
   open air
aislado   isolated
aislamiento   isolation
ajedrez   *m*   chess

alcachofa artichoke
alcalde *m* mayor
alcanfor *m* camphor
alcanzar to reach; to achieve; to gain; to catch up with
alcázar *m* castle; fortress
alcoba bedroom, alcove
alegar to allege, claim, offer
alejarse to move away, leave
alemán,-mana *n and adj* German
alentar to encourage, inspire
alfabetismo literacy
alfabeto alphabet
alfalfa alfalfa
alfombra carpet
alfombrar to carpet
algo something; *adv* somewhat
algodón *m* cotton
alguien *pron* someone
algún, alguno,-a someone; **algunos,-as** some
aliado,-a *adj* allied; *n* ally
alianza alliance
aliar to side with, ally with
aliento vigor, activity
alimento food, nourishment
aliviar to alleviate, lessen
alma soul, spirit
almohada pillow, cushion
almuerzo lunch
alpinismo mountain climbing, hiking
alquimia alchemy
alrededor (de) around
alternativa *n* alternative
alto high, tall
altura altitude, height
alumno,-a pupil, student
allegado *m* friend
allí there, over there
amante *m and f* lover, mistress
amar to love
amarillo yellow
ambiente *m* environment; atmosphere
ambigüedad ambiguity
ambulante *adj* walking, strolling
amenaza threat
amenazar to threaten
ameno pleasant, comfortable
amistad friendship

amo,-a master, mistress
amor *m* love
amoroso amorous
ampliado widened, broadened, enlarged
ampliar to widen, broaden, enlarge
Anáhuac *m* Aztec name for valley around Mexico City
anciano old, elderly
ancho wide
andaluz,-a of or from **Andalucía;** Andalusian
anécdota anecdote, story
anexar to annex
anexión annexation
anglicismo Anglicism, word borrowed from English
anglo,-a person of English descent
anglosajón,-a Anglo Saxon
anhelo desire, eagerness
animar to stimulate, encourage
anónimo,-a anonymous
ante before, in the presence of
antemano: de antemano beforehand
antepasado,-a ancestor, predecessor
anterior previous, preceding; former
antes (de) before, earlier; **antes que** rather than
anticipar to anticipate, expect
antiguo,-a old, ancient, antique; former, prior
antropología anthropology
antropólogo,-a anthropologist
anular to annul; to cancel
anunciar to announce
anuncio announcement, advertisement
añadir to add
año year
aparato apparatus, machine
aparecer to appear
apariencia appearance
apartado,-a distant; separated
aparte *m or f* separate
apellido surname, family name
apenas barely, hardly, just, only
apetito appetite
aplicar to apply
apoderarse to take control
aportar to contribute, add
apoyar to support, uphold, aid

apoyo   support, aid
aprender   to learn
apresar   to take prisoner
aprobación   approval
aprobar (ue)   to approve; to pass (a
  course, etc.)
aprovechar(se)   to take advantage of
aquel, aquella   that; aquellos,-as   those
aquí   here
árabe   m or f   Arabic; Arab
arabesco   arabesque
arábigo,-a   adj   Arabic, Arabian
árbol   m   tree
área   region, area
árido,-a   arid, dry, barren
arma   weapon; pl arms
armado,-a   armed
arqueólogo   archaeologist
arquitectura   architecture
arriba   above, up
arriesgar   to risk
arrogancia   arrogance
arroyo   stream, brook
arte   m or f   art; skill
artículo   article
artista   m or f   artist
artístico,-a   artistic
asamblea   assembly
ascendencia   origin, ancestry
asediar   to besiege
asegurar   to assure; asegurarse   to make
  sure; to satisfy oneself
asentar   to place, seat
asesinato   murder
asesino,-a   murderer
así   thus, in this manner, so, that way; así
  que   therefore
asimilar   to assimilate, incorporate
asistencia   attendance
asistente   m or f   one who attends
asistir   to attend
asociarse   to associate, be related
asombro   awe, wonder
aspecto   aspect, look
astronomía   astronomy
astronómico,-a   astronomical
asumir   to assume, take upon oneself
asunto   matter, subject, affair
asustar   to scare, startle

atacar   to attack
ataque   m   attack
ataúd   m   coffin
Atenas   Athens
atractivo,-a   attractive; n m   attraction
atraer   to attract
atrajo   pret of atraer
atribuir   to attribute
atributo   attribute, characteristic
aumentar   to increase, augment, grow
aumento   increase, growth
aun; aún   still, yet, even
aunque   although, even though
ausencia   absence
auspiciar   to sponsor
autonomía   autonomy, independence
autónomo,-a   autonomous
autor,-a   author
autoridad   authority; pl officials
autorización   authorization, permission
autorizar   to authorize, permit
avanzado,-a   advanced
ave   f   bird
avenida   avenue
aventura   adventure
ayuda   help, aid
ayudante   m or f   assistant, helper; adj m
  or f   helping
ayudar   to help, aid, assist
Aztlán   legendary place of origin of the
  Aztecs—sometimes thought to be the
  southwestern U.S.
azúcar   m   sugar
azucarero,-a   relating to sugar
azucena   lily
azul   blue, azure
azulado,-a   colored blue
azulejo   glazed tile

B

bachiller   m or f   bachelor (holder of
  degree)
bachillerato   bachelor's degree
bahía   bay
bailarín,-a   dancer
baile   m   dance
bajar   to descend, go down

bajo,-a low; **bajo** *adv* beneath, under
bancario,-a relating to banking; financial
banco bank, financial institution
bandido bandit
baño bath
barato,-a inexpensive, cheap
barba beard
barbarie *f* barbarousness; ignorance
barrio neighborhood, section or district of a city
basarse (en) to be based on
base *f* base, basis
básico,-a basic, fundamental
bastante enough, sufficient; *adv* quite, rather
batalla battle
bautismo baptism
bautizado,-a baptized
beber to drink
bebida drink
belicoso,-a warlike, bellicose
belleza beauty
bello,-a beautiful, pretty
beneficiar to benefit
beneficio benefit
betabel *m* beet
biblioteca library
bien well; **más bien** rather; **los bienes** wealth, goods
billón *m* billion
blanco target; white
Boabdil last Moorish ruler in southern Spain
boca mouth
boda wedding
bosque *m* forest, woods
botánica *noun* botany; **botánico,-a** *adj* botanical
bravo,-a wild, savage
brecas *n f pl dialect* brakes
brecha breach, gap
breve *m or f* brief
brillante *m or f* brilliant, shining
brillar to shine
brillo shine, brilliance
brote *m* outbreak, bud
buen, bueno,-a good; *adv* well
burlarse (de) to mock, laugh at
burocracia bureaucracy

burro donkey
busca search; **en busca de** in search of
buscar to look for, seek, try to
búsqueda search

C

cabeza head
cabo end; **llevar a cabo** to carry out, complete
cada *m or f* each, every; **cada vez (más)** more and more
cadáver *m* corpse, dead body
caer to fall
café *m* coffee; café
caída fall; downfall
calabaza squash, pumpkin, gourd
calabozo dungeon, jail
calavera skull
calcular to calculate, figure
calendario almanac, calendar
cálido,-a warm, tropical
califa *m* caliph, Moslem ruler
calificar to grade (exams, etc.)
calor *m* heat, warmth
calle *f* street
cambiar to change; to exchange
cambio change; **a cambio de** in exchange for; **en cambio** on the other hand
caminante *m or f* walker, traveller
caminar to walk, travel, go
camino road, street, way
campaña campaign; countryside
campesino,-a *noun or adj* peasant, rural
campo country, field; campus
canción song
candidato,-a candidate
canoa canoe
canonizado,-a canonized, admitted to sainthood
cantar *m* song
cantar to sing
cantidad quantity
caña sugar cane
cáñamo hemp
cañón *m* canyon

capacidad capacity; ability
capital *m* capital, money; *f* capital
 city
capitalista *m or f* capitalist
capítulo chapter
cara face; side
carácter *m* character, nature
característico,-a *adj* characteristic; *n*
 f trait
caracterizar to characterize
carga load, burden
cargar to carry; to load
Caribes *n f pl* Caribbean islands
caridad charity
carisma *m* charisma, personal
 magnetism
carismático,-a charismatic
carnaval *m* carnival, esp. the week
 before Lent, Mardi Gras
carne *f* meat, flesh
caro,-a expensive, dear
carrera career; race; course
carta letter; decree
cartel *m* poster
casa house; home; firm
casarse to marry, get married
casi almost, nearly
caso case, occurrence
castellano,-a Castilian; *n m* Spanish
 language
castidad chastity
castigo punishment
castillo castle
cataclismo disaster, cataclysm
catalán,-a Catalonian; *n m* the
 language of Catalonia
catástrofe *f* catastrophe
catedral *f* cathedral
categoría category; status, rank
catolicismo Catholicism
católico,-a Catholic
caudal *m* abundance, volume of water
caudaloso,-a abundant, voluminous
causa cause; movement; **a causa**
 de because of
causar to cause
cayera *past subj of* caer
ceder to cede, turn over
celebrar to celebrate; to praise

celestial *m or f* heavenly, celestial
celo zeal
celtíbero,-a Celtiberian
cemeterio cemetery, graveyard
cena dinner, supper
cenar to eat dinner
ceniza ash, ashes
cenote *m* Mayan well
censurar to censure; to criticize
centenar *m* hundred count;
 pl hundreds
centro center; downtown; middle;
 headquarters
Centroamérica Central America—the
 region from Guatemala to Panama
cerámica ceramics
cerca (de) nearly, close to; **de**
 cerca closely, close
cercano,-a nearby
cerdo swine
ceremonia ceremony
cero zero
cerrar to close, shut
certificado certificate
ciclo cycle
cielo sky, heaven
ciencia science
científico,-a scientific
ciento hundred; hundredth; **por**
 ciento per cent
cierto,-a certain, sure, a certain; **es**
 cierto it is true; **lo cierto** the truth
cifra number; cipher
cine *m* movies, movie theater
cinismo cynicism
circo circus
círculo circle
circunstancia circumstance
cita date, appointment
ciudad city
ciudadano,-a citizen
cívico,-a civic, civil
claro,-a clear; **claro que** of course
clase *f* class, type, kind
clásico,-a classic, classical
clasificar to classify, characterize
clavar to bury arms (a knife, sword, etc.)
clero clergy, clergyman
clima *m* climate

cocina kitchen
códice *m* codex; an original manuscript
coexistencia coexistence
coincidir to coincide, happen
  simultaneously
colega *m or f* colleague, cohort
colegio secondary school
colibrí *m* hummingbird
colocar to place, locate
colombino,-a of or belonging to
  Columbus; **precolombino** before the
  arrival of Columbus
Colón Columbus
colonia colony
colonización colonization, settlement
colonizar to colonize, take or settle
  colonies
colono colonist, settler
color *m* color; **gente de color** blacks
colorado,-a *adj* red
coloso Colossus, giant
columna column
combatir to fight
combinar to combine, join
comenzar to begin, start
comer to eat
comercio commerce, business
comestible *m* foodstuff, edible
  substance
cometer to commit
comida food; meal
como as, like, how, about;
  ¿cómo? how? what?
comodidad comfort
cómodo,-a comfortable
compañero,-a companion, comrade
compañía company
comparación comparison
comparar to compare
compartir to share; to divide
competencia competition
complejo,-a complex, complicated
completar to complete
completo,-a complete, whole
componer to compose, make up;
  to fix
comportarse to behave oneself, act
compra purchase
comprar to buy, purchase

comprender to understand
comprensión comprehension,
  understanding
comprobar to prove, verify
comprometer to compromise; to commit
común *m or f* common, ordinary,
  customary
comunidad community; commonness
comunismo communism
comunista *m or f* communist
concebir to conceive
conceder to concede
concentrar to concentrate
concepto concession; grant
conciencia conscience; consciousness
concierto concert; agreement
concluirse to conclude, come to an end
concha seashell, shell
condenar to condemn
conducir to conduct, lead
conducta conduct, behavior
condujo *pret of* **conducir**
conectar to connect, join
confesar to confess, admit
confianza confidence, trust
conflicto conflict, struggle
confundir to confuse, confound
congestionado,-a congested, crowded
conjunto group, system, aggregate
conocer to know, be acquainted with
conocido,-a known, well-known
conocimiento knowledge, skill
conquista conquest, conquering
conquistador,-a conqueror;
  adj conquering
conquistar to conquer, subdue
consagrar to consecrate, hallow,
  dedicate
consciente *m or f* conscious, aware
consecuencia consequence
conseguir to attain, get, obtain, succeed
  in
consejero,-a adviser, counsellor
consejo advice
conservador,-a conservative
conservar to conserve, preserve
considerar to consider, think over
consistir to consist, be made up of
consolador,-a consoling

consolar to console
consolidar to consolidate
constante *n f* constant; *adj* constant, continual
constituir to constitute, make up
construir to build, construct
consuelo consolation
consulta consultation
consultar to consult
consumir to consume
consumo consumption
contacto contact
contaminado,-a contaminated
contar (ue) to count; to count on; **contar con** to depend on, rely on
contemporáneo,-a contemporary, current
contener to contain
contenido *n* content
contestar to answer, respond
contexto context
continente *m* continent
continuar to continue
continuo,-a continuous
contra against
contrabandista *m or f* smuggler
contrabando contraband, smuggled goods
contraer to contract; to acquire
contrario,-a contrary, opposed
Contrarreforma Counter-Reformation
contrastar to contrast, distinguish
contraste *m* contrast, difference
contratar to make a contract
contribución contribution
contribuir to contribute
control *m* control
controlar to control, dominate
convencer to convince
convenio agreement, compact
convenir to suit, fit
convertir to convert, change
convivencia act of living together
convivir to live together
convulsionado,-a convulsed, upset
cooperar to cooperate, join in
coordinar to coordinate
copla couplet, verse

corazón *m* heart; nerve center
corolario corollary
corona crown; monarch
corral *m* corral, yard
corresponder to correspond, fit
correspondiente *m or f* corresponding
corrida bullfight
corriente *f* current; *adj* common, current
cortar to cut
corte *f* royal court
cosa thing; matter, affair
cosecha crop, harvest
cosmopolita *n m f, adj* cosmopolitan
costa coast
costar (ue) to cost
costo cost
costumbre *f* custom, habit, tradition
cotidiano,-a everyday, daily
creación creation
creador,-a creator
crear to create
crecer to grow, increase
creciente *m or f* growing
crecimiento growth
creencia belief
creer to believe
cría raising, breeding, rearing
crimen *m* crime
criollo,-a Creole, person born in the colonies of Spanish parents
cristianización conversion to Christianity
cristianizar to convert to Christianity
criterio criterion
crítica criticism
criticar to criticize
crítico,-a critic
crónico,-a chronic
cronista *m or f* chronicler, historian
cronología chronology, time sequence
cruz *f* cross
cruzada crusade
cual which, as, like; **el (la) cual** the one who, who; **¿cuál?** which? which one? what?
cualquier,-a *pron* any, whichever, any one
cuando when, whenever

cuanto,-a as much as; *pl* as many as;
　¿cuánto? how much?, *pl* how many?
cuaresma Lent
cuarto room; **cuarto,-a** *adj* fourth
cubrir to cover
cuchillo knife
cuenta account; **darse cuenta de** to
　realize
cuentista *m or f* writer of short stories
cuento story, short story
cuero hide, leather
cuerpo body
cuestión matter, subject, question
cuidado care, caution
cuidadoso,-a careful, cautious
cuidar to care for, take care of
culpa blame, fault
culpar to blame, place guilt
cultivar to grow, farm, develop
cultivo cultivation, farming
culto,-a cultured, sophisticated; *n*
　m cult
cultura culture; politeness
cumbre *f* summit, top, height
cumpleaños *m pl* birthday
cumplir to fulfill, perform, obey
cuna cradle
cuñao *dialect* **cuñado** brother-in-
　law
cura *m* priest
curado,-a cured
curiosidad curiosity
curioso,-a curious
cursar to follow a course
curso course; degree requirements
cuyo,-a whose

Ch

Chaco area of jungle around border
　between Paraguay and Bolivia
chanza *dialect* chance
che *Argentina* pal, buddy
chicano,-a word used to refer to person of
　Mexican heritage in the U.S.
chico,-a youngster, youth; *adj* small
chileno,-a Chilean
choque *m* shock, collision, clash

D

danza dance (style or type)
daño harm
dar to give, render
dársena harbor, dock
datar to date, set in time
debatir to debate, discuss
deber to owe; must, ought; *n m* debt,
　duty, obligation
debido (a) due (to)
débil *m or f* weak
debilidad weakness
década decade
decadencia decadence, decay
decaer to decay
decididamente decidedly
decidir to decide
decir to say; **es decir** that is to say;
　querer decir to mean; *n m* saying
decisión decision
decisivo,-a decisive
declaración declaration
declarar to declare
decorado decoration, adornment
decorativo,-a decorative
dedicar to dedicate
defecto defect
defender to defend
defensa defense
definición definition
definir to define, outline
defunción death, demise
dejar to leave, permit, let
delante ahead, in front; **por delante** in
　front of
demandar to demand
demás: lo demás the rest
demasiado *adv* too, too much;
　demasiado,-a *adj* too much
demócrata *m or f* democrat
democrático,-a democratic
demostrar to demonstrate, show
denominar to call, give a name to
dentro (de) in, into, inside (of)
dependencia dependence
depender (de) to depend (on)
deponer to depose

deporte *m* sport
depositar to deposit
depósito deposit
derecho legal right, privilege, law
derivar to derive, trace (from the origin)
derribar to overthrow, tumble
derrota defeat
derrotar to defeat
desafiar to challenge
desafío challenge, duel; struggle
desaparecer to disappear
desaprobar to fail, condemn
desarrollar to develop, improve
desarrollo development, evolution
desastroso,-a disastrous, wretched
descansar to rest
descanso rest
descender to descend, come from
descendiente *m or f* descendent;
 adj descending
desconfianza mistrust, suspicion
desconfiar to mistrust, lack confidence in
desconocido,-a unknown
descontento discontent, unhappiness
describir to describe
descripción description
descrito *past part of* **describir**
descubierto,-a discovered
descubridor,-a discoverer
descubrimiento discovery
descubrir to discover, find
descuidar to neglect, forget
descuido neglect, lack of care
desde since, from, after
deseable desirable
desear to want, desire
desempleado,-a unemployed
desempleo unemployment
desenfrenado,-a unchecked, wild
deseo desire, want, wish
desgracia misfortune; **por
 desgracia** unfortunately
desgraciadamente unfortunately
desierto desert
designado,-a designated, named
desigualdad inequality
desilusionarse to become disillusioned
desligar to loosen, untie
desocupar to vacate; to empty

desorganizar to break up, disperse
despertar (ie) to awaken; *refl* to wake
 up
despojos leavings, debris
desposeído,-a dispossessed
despótico,-a despotic
despreciar to scorn, look down on
después (de) after, afterward
destacado,-a outstanding, prominent
destacarse to stand out, be prominent
destino destiny, future, fortune
destrucción destruction
destruir to destroy
desventaja disadvantage
detalle *m* detail
detener to detain, stop
determinar to determine
deuda debt
devolución return
devolver (ue) to return
día *m* day; **hoy día** nowadays; **de día a
 día** day by day
diablo devil
diario,-a daily
dibujar to draw, sketch
dibujo sketch, drawing
dictador,-a dictator
dictadura dictatorship
dictar to teach, lecture
dicho saying; *past part of* **decir; lo
 dicho** what was said
difícil *m or f* difficult, unlikely
dificultad difficulty
dificultar to make difficult
difunto,-a dead person, deceased one
dignidad dignity
digno,-a worthy
dijo *pret of* **decir**
dilema *m* dilemma, difficult choice
dinero money
dios,-a god, goddess
diplomacia diplomacy
diplomático,-a diplomatic; diplomat
dirección direction; address
directo,-a direct
dirigente *m or f* director, leader
dirigir to direct, lead, manage
discriminación discrimination
disminución decrease

disminuir to diminish, decrease
disponibilidad availability
disponible *m or f* available
disposición disposition, inclination
dispuesto,-a disposed, ready
disputar to dispute, fight for
distinción difference; distinction
distinguir to distinguish, differentiate
distinto,-a distinct; different
distribuir to distribute
diversidad diversity, variety
diversión entertainment, amusement
diverso,-a diverse, various
divertir (ie) to amuse; *refl* to have fun
dividir to divide
divulgar to divulge; to popularize
doble *m* double; *adj* twice as much
docena dozen
dócil *m or f* tame, docile
doctrina doctrine
documento document, paper
dólar *m* dollar (esp. U.S.)
doméstico,-a domestic; **animal doméstico** pet
dominación domination
dominador,-a dominating
dominancia dominance
dominante *m or f* dominant, domineering
dominar to dominate
dominio dominion; control, rule
donde where, in which; **¿dónde?** where?
dormido,-a asleep, sleeping
dormirse to fall asleep
duda doubt
dueño,-a owner, possessor
dulce *adj m or f* sweet
dulcedumbre *f* sweetness
duplicar to duplicate, double
durante during
durar to last, go on, endure

E

eclesiástico,-a of or relating to church
economía economy
económico,-a economic, economical

edad age
edificio building, edifice
educar to educate, raise
educativo,-a educational
efectivo,-a effective
efecto effect, result
efectuar to effect, cause to happen
eficacia efficiency
eficaz *m or f* efficient
egipcio,-a Egyptian
eje *m* axis; axle
ejemplificar to exemplify, serve as an example
ejemplo example; **por ejemplo** for example
ejercer to exercise, practice
ejército army
elaboración working out, elaboration
elaborar to decorate; to work out
elección election; choice
elegante *m or f* elegant, luxurious
elegir to elect, choose
elemento element; aspect
elevar to elevate, raise, increase
eliminar to eliminate
embargo: sin embargo nevertheless, however
emperador emperor
empleado,-a employee
emplear to hire, employ
empleo job
emprender to undertake, engage in
empresa enterprise, business
empresario,-a business person
enajenación alienation
enamorado,-a person in love, lover
encabezar to head, lead
encarcelado,-a jailed, imprisoned
encender (ie) to light (candle, fire, etc.)
encerrar (ie) to enclose, close up, confine
encima (de) above, on top of; **por encima** over
encomendero,-a holder of an encomienda
encomienda Spanish colonial land grant
encontrar (ue) to find, discover; *refl* to find oneself in a state or condition
encuentro encounter, meeting

enemigo,-a enemy, opponent
enemistad enmity, hostility, hatred
energía energy
énfasis *m* emphasis, stress
enfermarse to become sick
enfermedad sickness, illness
enfermo,-a ill
enfocar to focus, concentrate
enfrentar to confront, face
engrandecer to glorify, make larger or greater
enorgullecer to make proud; *refl* to be proud
enorme *m or f* enormous
enriquecer to enrich; *refl* to become rich
ensayista *m or f* essayist, writer
ensayo essay; rehearsal
enseñanza teaching
enseñar to teach; to show, point out
entender (ie) to understand
entendimiento understanding
entero,-a entire, whole, complete
enterrar (ie) to bury
entierro burial, funeral
entonces then; **hasta entonces** up to that time
entrada entrance; admission; access
entrar to enter
entre between, among; within
entregar to deliver, hand over
entrenamiento training
entusiasmo enthusiasm
épico,-a epic, heroic
época epoch, period, age, era
equivalente *m or f* equivalent, the same (as)
equivaler to be equivalent
erótico,-a erotic, sexual
escalar to climb, scale
escapar(se) to escape; to avoid
escarlata scarlet
escasez *f* scarcity, shortage
escena scene; view
esclavitud slavery
esclavo,-a slave
escoger to choose, select
escolar of or relating to school, scholastic

esconder to hide
escribir to write
escrito,-a *past part of* **escribir** written
escritor,-a writer
escritura writing
escuela school
ese, esa, esos, esas that, those; **eso** that
esfera sphere; area
esforzarse (ue) to make an effort
esfuerzo effort; try
espacio space
espantar to scare, frighten
espanto scare, fright
espantoso,-a scary, frightening
español,-a Spanish
especial *m or f* special
especialización specialization, major
especializarse (en) to specialize, major (in)
especie *f* species, kind, sort
espectacular *m or f* spectacular, notable
espectáculo spectacle, show
esperanza hope
esperar to hope; to wait; to expect
espíritu *m* spirit
espiritual *m or f* spiritual, of the spirit
espiritualidad spirituality, fervor
esquela note, notice
esqueleto skeleton
estabilidad stability
establecer to establish
establecimiento establishment
estaca stake, piling
estadística statistics
estado state, condition; political subdivision; *past part of* **estar; los Estados Unidos** the United States
estadounidense of or relating to the United States
estallar to explode
estancamiento stagnation
estanciero,-a owner of an **estancia** (large ranch)
estaño tin
este *m* east
este, esta, estos, estas this, these; **esto** this

estela   stela, inscribed stone slab
estética   esthetics; estético,-a   esthetic
estilo   style, way; al estilo   in the manner
   of
estimular   to stimulate
estímulo   stimulus
estratégicamente   strategically
estrecho,-a   narrow; n m   strait
estrella   star
estrictamente   strictly
estructura   structure
estudiante   m or f   student
estudiantil   of or relating to students
estudiar   to study
estudio   study, investigation; studio
etapa   stage; station
eterno,-a   eternal, unending
étnico,-a   ethnic
evadir   to evade, avoid
evitar   to avoid; to shun
exacto,-a   exact, precise
exagerar   to exaggerate
examen   m   examination, test
examinar   to examine, test
excavar   to excavate
excepción   exception
excesivo,-a   excessive
excitar   to rouse, stir up
exclamatorio,-a   exclamatory
exclusivo,-a   exclusive
exigencia   demand, exigency
exigir   to demand, require, need
exilado,-a   exiled
existencia   existence
existente   m or f   existing
existir   to exist, be
éxito   success; tener éxito   to be
   successful
éxodo   exodus, emigration
exótico,-a   exotic, foreign, strange
expansión   expansion
expedición   expedition
expensas   expenses; a expensas de   at
   the expense of
experiencia   experience; experiment
experimentar   to experience; to try,
   experiment
explicación   explanation

explicar   to explain
explícitamente   explicitly
explosivo,-a   adj   explosive; n
   m   explosive
explotación   exploitation
explotar   to exploit; to work, develop
exportación   export, exportation
exportador,-a   exporting
exportar   to export
expresar   to express
expresión   expression
expropiación   expropriation
expropiar   to expropriate, confiscate
expulsar   to expel, throw out
extenderse (ie)   to extend, stretch out
extenso,-a   extensive, extended
exterior   n m, adj m or f   exterior,
   outside; relaciones exteriores   foreign
   relations, affairs
extraer   to extract
extranjero,-a   foreigner, stranger, alien
extremado,-a   extreme
extremaunción   extreme unction, last
   rites
extremo,-a   extreme

F

fábrica   factory
fabricado,-a   manufactured
fabuloso,-a   fabled, legendary
fácil   m or f   easy, likely
facilitar   to facilitate, make easy
factible   m or f   possible, feasible
factor   m   factor, element
facultad   faculty, school or college of a
   university
fachada   façade, front of a building
faja   strip
falta   lack
faltar   to be lacking, be needed
fama   fame, reputation
familiar   n, adj m or f   familiar, family
   member
famoso,-a   famous, well-known
fantasma   m   ghost
farmacia   pharmacy, drug store

fascinar to fascinate, enchant
fatalismo fatalism, determinism
favor *m* favor; **por favor** please
favorable *m or f* favorable, in favor of
favorecer to favor, promote
favorito,-a favorite, preferred
femenino,-a feminine
femineidad femininity
feminista *m or f* feminist
fenómeno phenomenon
ferrocarril *m* railroad
fértil *m or f* fertile
fertilidad fertility, fecundity
festejar to celebrate
festivo,-a festive, gala
feudalismo feudalism, medieval
  economic system
fiel *m or f* faithful, loyal
fiera beast
fiesta party, celebration, holiday,
  festival, feast
figura figure; image
figurar to figure in, show up
figurativo,-a figurative, symbolical
filología philology, historical study of
  language
filólogo,-a philologist
filosofía philosophy
filosófico,-a philosophical
filósofo,-a philosopher
fin *m* end; **a fin de** in order to, with
  the motive of; **al fin** finally, in the end;
  a fines de at the end of
financiar to finance, fund
financiero,-a *adj* financial; financier,
  supporter
firmar to sign
físico,-a physical
flojo,-a loose, lazy
flor *f* flower
florecer to flourish; to flower
florecimiento flowering, flourishing
florido,-a flowery; choice, select
flotar to float
fomentar to foment; to develop, further
fondo *n* bottom, base; *pl* funds
fonético,-a phonetic
forma form, shape
formación formation, shaping

formalizado,-a formalized
formar to form, shape, make up
formativo,-a formative
formular to formulate
fortuna fortune, luck
forzado,-a forced
fracasar to fail
fracaso failure
francés,-a French
Francia France
frase *f* phrase, sentence
fraternidad fraternity, brotherhood
fraudulento,-a fraudulent, phony
frecuencia frecuency; **con**
  frecuencia frequently
frecuentar to frequent
frecuente *m or f* frequent
frente *m* front; **frente a** in the face of;
  al frente de in charge of
fresco,-a cool, fresh
frijol *m* bean, bean plant
frontera border, frontier
fronterizo,-a of or relating to frontier
frustrar to frustrate
fruta fruit
fuente *f* fountain, source; spring (of
  water)
fuera (de) outside of, besides
fuere: sea cual fuere whichever it may be
fuerte *m or f* strong
fuerza force, strength; **por la fuerza** by
  force
función function; performance
funcionamiento functioning
funcionar to function, work, perform
funcionario,-a functionary, official
fundación foundation, founding
fundador,-a founder
fundar to found, establish
fundirse to fuse, blend
funerario,-a funereal, of or relating to
  funerals
fútbol *m* soccer, football
futuro future; *adj* future, coming

G

galería gallery
gana desire; **con ganas** willingly

ganadero,-a of or relating to cattle raising; *n* cattleman
ganado cattle
ganancia profit
ganar to earn, win, gain
garantía guarantee
garantizar to guarantee, assure
gastar to spend
gasto expense, expenditure
gaucho Argentine cowboy
generación generation, time period
general *m or f* general; **por lo general** generally
genérico,-a generic, general
género type, kind
generoso,-a generous
gente *f* people
geografía geography
geográfico,-a geographical
germánico,-a germanic
gitano,-a gypsy
gloria glory, fame
glorioso,-a glorious
gobernador,-a governor, one who governs
gobernar to govern
gobierno government
golpe *m* blow, coup
gorra cap, hat
gótico,-a gothic
gracia grace; **gracias** thanks
grado grade, title, degree
graduado,-a graduate
gramática grammar
gran, grande great, large, vast
grandeza greatness, vastness
gratis *m or f* free
gratuito,-a free
grave *m or f* serious
griego,-a Greek
gris *m or f* gray
grito shout, yell
grueso,-a thick
grupo group
guardar to guard, keep
guerra war
guerrero,-a warrior, fighter
guerrilla skirmish; party of **guerrilleros**
guerrillero,-a guerrilla fighter

gustar to please, be pleasing to
gusto taste; pleasure; **a gusto** at ease

H

haber *auxil verb* to have; **hay** there is, there are
hábil *m or f* able, capable, skillful
habitante *m or f* inhabitant
habitar to inhabit, dwell
hábito habit
habla *f* speech, language; **de habla española** Spanish-speaking
hablar to speak, talk
hacer to do, make; **hace cinco años** five years ago; **hace un mes que** for a month
hacia toward; around
hacienda ranch
hallar to find
hambre *f* hunger
hasta until, up until; even
hay there is, there are
hecho deed, fact; *past part of* **hacer**; **de hecho** in fact
hectárea hectare (10,000 sq. meters)
henequén *m* sisal, henequen (tough fiber used for rope, etc.)
heredar to inherit
heredero,-a heir, heiress, inheritor
herencia inheritance, legacy
hermano,-a brother; sister
hermoso,-a beautiful
hermosura beauty
herramienta tool, instrument
hervir to boil
heterodoxo,-a heterodox, varied, unorthodox
heterogéneo,-a heterogeneous
hidráulico,-a hydraulic, moved or operated by water pressure
hierba herb; grass
higiene *f* hygiene, sanitation
hijo,-a son; daughter; child *pl* children
hincapié *m* stamping; **hacer hincapié en** to emphasize
hipócrita *m or f* hypocrite
historia history; story

historiador,-a historian
histórico,-a historical
hogar *m* home, hearth
holandés,-a Dutch, Dutch person
hombre *m* man; mankind
homogéneo,-a homogeneous
hondo,-a deep
honrar to honor
hora hour; time; **¿qué hora es? ¿qué horas son?** what time is it?
hostil *m or f* hostile
hoy today
huelga labor strike
hueso bone
humanidad humanity, mankind
humanitario,-a humanitarian, humane
humano,-a human
humilde *m or f* humble, simple
hundirse to be submerged

I

ibérico,-a Iberian
ida going, outward trip; **de ida y vuelta** round trip
identidad identity
identificación identification
identificar identify
ideográfico,-a ideographic
ideología ideology
ideológico,-a ideological
idioma *m* language
iglesia church
igual *m or f* equal
igualado,-a equalled
igualdad equality
igualitario,-a egalitarian
ilustrado,-a illustrated
ilustre *m or f* illustrious, famous
imagen *f* image; appearance
imaginar to imagine
imán *m* magnet; attraction
imitar to imitate
impedir (i) to impede, stop
imperio empire
implicación implication, meaning
implicar to imply, implicate
implícito,-a implicit

imponer to impose
importación importation
importador,-a importer
importancia importance
importante *m or f* important
importar to import; to matter; **no importa** it doesn't matter
impresionante *m or f* impressive
impresionar to impress, make an impression
impuestos *pl* taxes
impulso impulse, urge
inapropiado,-a inappropriate
inaudito,-a unheard of, strange
inaugurar to inaugurate, dedicate
incaico,-a Incan, of or relating to Incas
incapacidad inability, lack of skill
inclinación inclination, tendency
incluir to include
incluso,-a including
incomodar to make uncomfortable, bother, upset
incómodo,-a uncomfortable, uneasy
incorporar to incorporate
increíble *m or f* incredible, unbelievable
independentista *m or f* person who is in favor of or fights for independence; of or relating to independence
Indias Indies, original name given to the New World
indicar to indicate, point out
índice *m* index
indicio indication, sign, mark
indígena *m or f* indigenous, native; (Amer.) Indian
indio,-a Indian
indiscutible unquestionable
individuo *n* individual
indudablemente undoubtedly
industria industry
industrializado,-a industrialized
ineficaz *m or f* inefficient
inegable *m or f* undeniable
inestabilidad instability
inevitable *m or f* inevitable, unavoidable
infancia infancy, childhood
inferior *m or f* inferior; lower

infierno inferno; hell
influencia influence
influenciar to influence
influir to influence
informar to inform; to shape
infrecuente *m or f* infrequent, seldom
ingeniería engineering
ingeniero,-a engineer
Inglaterra *f* England
inglés,-a English
ingreso entrance; admission
iniciar to begin, initiate
injusto,-a unfair, unjust
inmediato,-a immediate; **de inmediato** immediately
inmigración immigration
inmigrante *m or f* immigrant
innecesario,-a unnecessary
innovación innovation
inquisición inquisition, hearing
insistir to insist
inspirar to inspire
institución institution
instituto institute
instrucción instruction; schooling
insultar to insult
insulto insult
integración integration
intelecto intellect
intelectualidad intellectuality
inteligencia intelligence
inteligente *m or f* intelligent
intensificar to intensify
intensivo,-a intensive, intense
intenso,-a intense, concentrated
intercambio exchange, interchange
interés *m* interest; stake
interesante *m or f* interesting
interesar to interest, be interesting
interino,-a interim, temporary
interno,-a internal, inner
interpretar to interpret
interrupción interruption
intervención intervention
intervenir to intervene, to interfere
íntimo,-a intimate
intrigar to intrigue, arouse interest
introducir to introduce, insert
inútil *m or f* useless

invadir to invade
invasión invasion, attack
invencible *m or f* invincible, unbeatable
inventar to invent; to create
invento invention
inversión investment
invertir to invest
investigación investigation
investigar to investigate
invitar to invite
irónico,-a ironical, sarcastic
irrigación irrigation
isla island
islámico,-a Islamic, Moorish
istmo isthmus
izquierdista *m or f* leftist
izquierdo,-a left; *n f* the left (political or direction)

J

jactarse to brag, boast
jamás never
jardín *m* garden; yard
jarope *m* syrup
jefe *m* chief, boss, leader
jeroglíficos hieroglyphics
jesuíta *m* Jesuit
joven *m or f* young; youthful person
juego game
jugar (ue) to play (a game or sport)
juguete *m* toy
juntar to join; *refl* to join with, ally with
junto,-a together; **junto con** along with, together with
jurisdicción jurisdiction; territory
jurisprudencia jurisprudence, law
justicia justice
justificar to justify, explain
justo,-a just, fair
juvenil *m or f* juvenile, of or relating to youth
juventud *f* youth; young people
juzgado court of justice; **juzgado,-a** person judged
juzgar to judge, adjudicate

L

labio lip

laboratorio laboratory

labrar to carve (wood); to work (iron)

lado side; **por todos lados** on all sides, everywhere

lago lake

laguna lagoon, small lake

lamentar to lament, regret

lanzar to throw

largo,-a long

lástima pity

laúd *m* lute

lavar to wash

lazo tie, bond; lariat

lealtad loyalty

lectura reading

leer to read

legalidad legality

legalmente legally

legislativo,-a legislative

legumbre *f* vegetable

lejano,-a distant, far

lejos *adv* far away, far

lema *m* motto, slogan

lengua language; tongue

lento,-a slow

letra letter (of the alphabet); *pl* letters; literature

letrero sign, poster

levantar to raise; *refl* to get up, rise up

leve *m or f* gentle, light

ley *f* law; *pl* law studies

leyenda legend

liberar to free, liberate

libertad freedom, liberty

libre *m or f* free

libro book

licenciado,-a attorney; used also as equivalent of Master's Degree in other fields

liceo lyceum, high school

líder *m* leader

ligado,-a tied, attached

limitarse to be limited

límite *m* limit, boundary

limpiar to clean

linaje *m* lineage, ancestry

linchamiento lynching

línea line

lingüístico,-a linguistic; *n f* linguistics

lino linen

lirismo lyricism

lista list, roll

listo,-a ready

literal *m or f* literal, to the letter

literario,-a literary

literatura literature

liviano,-a of light weight

lobo wolf

lodo mud

lograr to achieve, get, manage to

logro achievement, accomplishment

Londres *m* London

loza pottery, clay

lucha struggle, fight, conflict

luchar to struggle, fight

luego then; later, afterward; presently

lugar *m* place; **en lugar de** instead of; **tener lugar** to take place; **lugar común** *m* commonplace, cliché

lujo luxury

lujoso,-a luxurious

luna moon

lustro lustrum, period of five years

luto mourning; **guardar** *or* **llevar luto** to be in mourning

luz *f* light

LL

llamar to call; *refl* to be called, named

llegada arrival

llegar to arrive; **llegar a ser** to come to be

llenar to fill

lleno,-a filled, full

llevar to carry; to wear; to take, lead to

llorón,-a whiner; *f* legendary ghost, used to scare children as is "the bogeyman"

lluvia rain

M

machismo virility, manliness

madera wood

madre *f* mother; **madre patria** motherland, mother country

madrileño,-a person or thing from Madrid

maestro,-a teacher, instructor

magnífico,-a magnificent

maíz *m* corn, maize

mal *m or f adv* badly, poorly; *n m* evil

malcriado,-a ill-mannered

malo,-a bad, evil; sick

mandar to order, send

mandato command, mandate

mando rule, command

manera way, manner; **de manera que** so that, so as to

manifestación manifestation, demonstration

manifestar to show, manifest

manifiesto,-a manifest, evident

mano *f* hand; *fig* control; **en manos de** in the hands of, controlled by; **a manos de** at the hand of; **mano de obra** worker

mantener to maintain, support, keep

manual *m* manual, handbook; *adj m or f* manual, by hand

maquinaria machinery

mar *m* sea, ocean; *fig n f* sea

maravillarse to marvel at

maravilloso,-a marvelous, awesome

marcar to mark, stamp; to note

margen *m* margin, edge

marido husband

marina *n* navy

marinero,-a sailor

masculinidad masculinity

masculino,-a masculine, male

matanza killing, slaughter

matemática *usually pl* mathematics

materia subject, matter, topic; **materia prima** raw material

materno,-a maternal

matrícula registration (in school)

matricularse to register in school

matrimonio matrimony, marriage

mausoleo mausoleum, burial structure

mayor larger, greater; **el (la, los, las) mayor(es)** the largest, greatest; older, oldest

mayorazgo primogeniture, practice of leaving family goods to the oldest son

mayoría majority

mecánica mechanics

mecanismo mechanism, device

mecanizado,-a mechanized

mediados: a mediados de about the middle of, midway

mediano,-a medium

mediante by means of, through

médico,-a doctor of medicine

medida measure; means

medio,-a *n m* half, mid-, middle; means, way; **por medio de** by means of; **en medio de** in the midst of

mejor better; **el (la, los, las) mejor(es)** the best

mejora improvement, betterment

mejorar to improve, better

melancólico,-a melancholic, sad

mencionar to mention, name

menor smaller, younger, less; **el (la, los, las) menor(es)** the smallest, youngest

menos *adv* less, minus; **menos que** *or* **de** less than; **al menos** at least; **por lo menos** at the least; **más o menos** more or less

mentira lie

mercado market

mercancía merchandise

merced *f* grant, favor, gift

mes *m* month

mesa table; mesa, land plateau

metal *m* metal

meterse to go into, get into

método method

mezcla mixture, mix

mezclado,-a mixed

mezclarse to mix into, take part

miedo fear

miembro member

mientras (que) while, as long as

migración migration
mil *m* a thousand
militar *m or f* military
millón *m* million
mina mine
mineral *adj, n m* mineral
minero,-a mining; miner
miniatura *n* miniature
mínimo,-a minimum
ministro minister (of government)
minoría minority
mirar to look at
misa mass
misión mission
misionero,-a missionary
mismo,-a same, equal; **él mismo** he himself; **lo mismo** the same thing
misterio mystery
misterioso,-a mysterious
místico,-a mystic, mystical
mitad *f* half, middle
mito myth
moda fashion, mode; **de moda** in style, fashionable
modelo model, pattern; *m or f* fashion model
modernidad modernity
moderno,-a modern
modificación modification, change
modificar to modify, change, adjust
modo way, manner; **de modo que** so that, in order that
mojado,-a wet; wetback
molesto,-a annoying, bothersome
momento moment
monarca *m or f* monarch, king, queen
monasterio monastery
monetario,-a monetary
monopolio monopoly
monopolístico,-a monopolistic
montaña mountain
monumento monument
moralidad morality
mórbido,-a morbid
morir (ue) to die
moro,-a Moor; Moorish
mortal mortal, fatal
mortalidad mortality, death rate

mosca fly; **mosca muerta** one who pretends meekness; hypocrite
mostrar (ue) to show; to prove
motivo motive, reason; impulse; motif
mover (ue) to move (something); *refl* to move
móvil *m or f* mobile, movable
movilidad mobility
movimiento movement
muchacho,-a boy, girl
mucho,-a much, a lot; *pl* many
mudarse to move, change lodging
muerte *f* death, demise
muerto,-a dead; dead person
mujer *f* woman, female
mundial of the world, world-wide
mundo world; **el Nuevo Mundo** the New World, the western hemisphere
muralista *m or f* muralist
museo museum
música music
musulmán,-a Musselman, Moslem
mutuo,-a mutual

N

nacer to be born
nacido,-a born
nacimiento birth
nación nation
nacional *m or f* national
nacionalidad nationality
nacionalismo nationalism
nacionalista *m or f* nationalist
nada nothing, anything, nothingness
nadie no one, nobody
natalidad birth, birth rate
nativo,-a native
navaja razor; knife
Navidad Christmas
necesario,-a necessary
necesidad necessity
necesitar to need
necio,-a foolish
negar (ie) to deny
negativo,-a negative
negocio business deal; *pl* business

nepotismo nepotism
neutralidad neutrality
nevado,-a snow-covered
nicho niche, recess
ningún, ninguno,-a no, none, not one, not any
niño,-a child, little boy, girl
nivel *m* level
noble *m* nobleman
noche *f* night
nocturno,-a nocturnal, night
nómada *m or f* nomadic
nombramiento nomination, naming (to a position)
nombrar to name; to nominate
nombre *m* name; noun; reputation
nopal *m* prickly-pear cactus
normal: escuela normal school for training teachers
noroeste *m* northwest
norte *m* north
norteamericano,-a North American (used for a person or thing from the United States)
notable *m or f* notable, noteworthy
notar to note, take note of
noticia notice; *pl* news
novela novel
novelista *m or f* novelist
noveno,-a ninth
núcleo nucleus
nuestro,-a our
nuevo,-a new
numérico,-a numerical
número number
numeroso,-a numerous
nunca never, not ever

O

obedecer to obey
obispo bishop
objeto object
obligación obligation, duty
obligado,-a obliged
obligar to oblige, obligate
obligatorio,-a obligatory, required

obra work; labor
obrar to work, toil
obrero,-a worker
observador,-a observer
observar to observe, watch
observatorio observatory
obsesión obsession
obsesionar to obsess; *refl* to become obsessed
obstaculizado,-a impeded
obstáculo obstacle, barrier
obstante: no obstante nevertheless, notwithstanding
obtener to obtain, get
obvio,-a obvious
ocasión occasion
occidental occidental, western
occidente *m* the West
océano ocean
octavo,-a eighth
ocupar to occupy, hold
ocurrir to occur, happen
ochenta eighty
oeste *m* west
ofender to offend
ofensa offense, crime
ofensivo,-a offensive
oferta offer
oficina office, workshop
oficio trade, task, business
ofrecer to offer
ofrendar to offer up
oído,-a heard
olvidarse (de) to forget
ombligo navel
operar to operate; to fund
opinión opinion
oponerse to oppose, be opposed to
oportunidad opportunity
oposición opposition
opresión oppression
opuesto,-a opposed; opposite
orden *m* order
ordinario,-a ordinary
organización organization
organizador,-a organizer
organizar to organize
órgano organ; medium

orgullo pride
orientación orientation, direction
oriental *m or f* oriental, eastern
oriente *m* the East
origen *m* origin
originalidad originality
originarse to originate
ornamentación ornamentation, decoration
oro gold
ortodoxo,-a orthodox
oscurecer to get dark, darken, obscure
oscuro,-a dark, obscure
otorgar to grant, give, donate
otro,-a another, other, the other
oveja sheep

P

paciencia patience
pacífico,-a peaceful, gentle
padre *m* father; priest; *pl* parents
padrino,-a godfather, godmother; *pl* godparents
pagar to pay
pago payment
país country, nation
palabra word, term
palacio palace
pampa *Arg* plain
pan *m* bread, loaf of bread
panteón *m* pantheon
Papa *m* Pope
papel *m* paper; role
para for, in order to, towards, by; **para que** so that
parada stop (train, bus, etc)
paraíso paradise
parar to stop; to stay
parcela parcel, piece
parcial *m or f* partial, part
parecer to seem, look as if
parecido,-a similar, alike
pared *f* wall
pariente *m or f* relative, relation
parque *m* park
parquear to park (a car)
parroquia parish

parte *f* part, portion; place; **de parte de** on behalf of; **por parte de** on the part of; **todas partes** everywhere
participación participation
participar to participate
particular *m or f* private, personal, particular
partida certificate (of birth, etc.)
partidario,-a partisan, supporter
partido political party; game, match; group
parto childbirth
párvulo,-a small child, pre-school child
pasado,-a past; *n* past
pasante *m or f* passing
pasar to pass, go, pass through, go over to, come to; to spend (time)
pasear to stroll, take a walk, drive
paseo stroll, walk; drive, ride
pasivo,-a passive, inactive
paso step; mountain pass
paterno,-a paternal, fatherly
patio patio, yard, courtyard
patológico,-a pathological
patria native country, fatherland; **madre patria** motherland
patriarcal *m or f* patriarchal
patrimonio patrimony, inheritance
patriota *m* patriot
patrón,-a patron(ess), boss
paz *f* peace
peatón *m* pedestrian, walker
pecado sin
pedazo piece, shred
pedir (i) to ask for, request, solicit
pegarse to shoot oneself
pelea fight, quarrel
peligro danger
peligroso,-a dangerous
pena pain, sorrow; **en pena** in purgatory; **bajo pena** under threat
peninsular *adj m or f* thing or person of the peninsula
penoso,-a sorrowful
pensamiento thought
pensar (ie) to think; to intend
peor worse; **el (la, los, las) peor(es)** the worst
pequeño,-a small

perder (ie) to lose
pérdida loss
perfecto,-a perfect
periódico newspaper
período period (of time), age, era
perjudicar to prejudice, damage, impair
permanencia permanence, stay
permanente *m or f* permanent
permiso permission; permit
permitir to permit, allow
perpetuo,-a perpetual, eternal
perro,-a dog
perseguir to persecute; to pursue
persistir to persist
persona person
personaje *m* personage, literary
character
personalidad personality
perspectiva perspective; prospect
pertenecer to belong, pertain
pesado,-a annoying, heavy
pesar to weigh; **a pesar de** in spite of
pésimo,-a very bad, worst
pesimista *m or f* pessimistic; pessimist
petición petition, request; **a petición
de** at the request of
petróleo oil (crude), petroleum
petrolífero,-a of or relating to oil
peyorativo,-a pejorative, derogatory
pie *m* foot; **a pie** on foot
piedra stone
piel *f* skin, hide
pintor,-a painter
pintoresco,-a picturesque
pirámide *f* pyramid
piso floor, story
pistola pistol
placer *m* pleasure
plan *m* plan, scheme
plana page
planear to plan
planeta *m* planet
planta plant *(bot)*
plata silver
plato plate; dish; **plato típico** traditional
dish
plaza plaza, square; marketplace
población population
poblador,-a settler, colonizer

poblar to populate, settle
pobre poor; *n m or f* poor person;
pl the poor
pobreza poverty
poco,-a little, scanty; *pl* a few, some; *n
m* a little bit; *adv* a little, somewhat,
slightly
poder (ue) to be able to, can, may; *n
m* power, authority
poderoso,-a powerful, strong
poema *m* poem
poesía poetry *(also pl)*
poeta *m* poet
poetisa poetess
polémica polemic, debate
policía *f* police; *n m* policeman
policíaco,-a of or by the police
político,-a political; *n f* politics; *n
m* politician
polvareda cloud of dust
polvo dust
poner to put, place; *refl* to become,
turn; **ponerse de acuerdo** to reach an
agreement
popularidad popularity
popularizar to popularize, make popular
por by, through; for, for the sake of,
because of; **por eso** for that reason;
¿por qué? why?; **por lo
tanto** therefore; **por tanto** thus
porcentaje *m* percentage
porque because, for, as
portarse to behave, act
porteño,-a person or thing from Buenos
Aires
pos- *prefix meaning* after
posado,-a posed, perched
poseer possess, have
posesión possession
posibilidad possibility
posición position
posterior *m or f* later, behind, after
postura posture, position
pozo well, pool, pond
practicar to practice, perform
práctico,-a practical; *n f* practice, act,
habit
precio price
precioso,-a precious, dear

preciso,-a necessary
predecir to predict
predicción prediction
predominantemente predominantly
preferencia preference
preferible *m or f* preferable
preferir to prefer
premio prize, premium
preocupación preoccupation, worry
preocuparse to worry
preparación preparation
preparar to prepare
prescrito,-a prescribed
presencia presence
presentar to present; to take (exams)
presente *m* present, present time
preservar to preserve, maintain
presidencia presidency
presidencial *m or f* presidential
presidente,-a president
presión pressure
preso,-a prisoner, captured
préstamo loan
prestar to lend
prestigio prestige
presunción presumption; conceit
presupuesto budget
pretendido,-a pretended; object of love
prevalecer to prevail, dominate
prima: materia prima raw material
primario,-a primary, elementary
primer, primero,-a first; **lo
   primero** the first thing
primitivo,-a primitive, early
primo,-a cousin
principio principle; beginning; **al
   principio** at first
prisa haste; **darse prisa** to hurry
prisionero,-a prisoner
privado,-a private
privilegio privilege
probar (ue) to prove; to test
problema *m* problem
procedencia origin, source
procedente coming from
proceder to come from, originate
procedimiento procedure, process
procesión procession, pageant
proceso process

proclamación proclamation
proclamar to proclaim, pronounce
producción production
producir to produce
producto product, result
profesión profession
profesor,-a professor, teacher
profesorado professoriate, group of
   professors
profundo,-a deep, profound, radical
programa *m* program; plan of action
progreso progress, advancement
prohibición prohibition, forbidding
prohibir to prohibit, forbid
promedio *n* average, mean
promesa promise
prometer to promise
promover to promote
promulgar to promulgate, proclaim
pronosticar to predict
pronóstico prediction
pronto *adv* soon, promptly
pronunciar to pronounce, speak
propensión propensity, leaning
propicio,-a favorable, propitious
propiedad property
propietario,-a owner; proprietor;
   landowner
propio,-a one's own; appropriate
proponer to propose
proporción proportion
proporcionar to provide, make available
proposición proposal, proposition
propósito purpose, intention
protección protection
proteger to protect
protesta protest
protestante protestant
protestar to protest
prototipo prototype, model
proveer to provide, furnish
provenir to arise, originate
provincia province, political division
provisión provision; *pl* supplies
proximidad proximity, nearness
próximo,-a next; near
prueba proof; test
publicar to publish; to publicize
público,-a public; *n m* (the) public

pueblo small town; **el pueblo** the people, nation, citizenry
puente *m or f* bridge
puerto port
puertorriqueño,-a person or thing of Puerto Rico
pues then, since
puesto,-a put, placed; *n m* job, position; **puesto que** since
puma *m* puma, American panther
punto point, dot, period; **punto de vista** point of view
puñado handful, a few
pureza purity
purgatorio purgatory
puro,-a pure

Q

que that, which, who, whom, than; **¿qué?** what?, which?, **¿para qué?** what for?; **¿por qué?** why?; **el (la, los, las) que** the one(s) who; **lo que** that which
quedar(se) to remain, end up; to be located
quejarse to complain
quemar to burn
querer (ie) to want, love; to try; **querer decir** to mean
querido,-a beloved, lover
quien who, whom; **¿quién?** who?; **¿a quién?** whom?
quinina quinine
quizás perhaps, maybe

R

racial racial
racional rational, reasonable
radical radical, basic
raíz *f* root; basis; **a raíz de** soon after, hard upon
rancho military mess; hut; *S.W. U.S.* cattle ranch
rápido,-a rapid, fast
raro,-a rare, strange

rascacielos *m* skyscraper
rasgo trait, characteristic
raso,-a flat, clear; **soldado raso** enlisted man, foot soldier, soldier of low rank
rastro trace, trail
rayo ray; lightning bolt
raza race; cultural group or people
razón *f* reason; **con razón** with reason, rightly; **sin razón** without reason, wrongly
reacción reaction
reaccionar to react
real *m or f* royal
realidad reality
realizado,-a realized, brought to fruition, fulfilled
reata rope
rebelarse to rebel, rise up
rebelde *m or f* rebel
rebelión rebellion
recelo suspicion, misgiving
recibir to receive, get
recién, reciente *adv* recent
reclamación claim, demand
reclamar to claim, demand, complain
recomendar (ie) to recommend
recóndito,-a obscure, concealed
reconocer to recognize
reconocimiento recognition
reconquista reconquest
reconquistar to reconquer, retake
reconstruir to reconstruct, rebuild
recordar (ue) to remember, remind
recreacional recreational
recreativo,-a recreational
recuerdo memory, reminder, remembrance
recurrir to recur, happen again
recurso resource
rechazar to reject, turn down
rechazo rejection, rebuff
redistribución redistribution
reducir to reduce
reemplazar to replace, substitute
referirse (ie) to refer to, have relation to
refinado,-a subtle, polished, refined
refinar to refine, purify
reflejar to reflect
reflejo reflection

reforma reform; Reformation; **reforma agraria** redistribution of land (in Spanish America)

reformista *m or f* reformer, person or thing favoring reform

reforzar (ue) to reinforce, strengthen

refrescarse to cool off

regado,-a sprayed, irrigated

régimen *m* regime, political system

región region, area

regir (i) to rule, govern

regla rule, principle

regresar to return

regreso return

rehusar to refuse, decline

reina queen

reinar to reign, rule, govern

reino kingdom

relación relation, relationship

relacionar to relate; *refl* to be related, connected

relatividad relativity

relativo,-a *adj* relative

relegado,-a relegated; banished

religiosidad religiosity, religiousness

religioso,-a religious

remoto,-a remote

renacimiento rebirth

rendirse (i) to surrender, give in to

renovador,-a *n* renovator; *adj* renovating

renta income, profit

renunciar to renounce

repatriar to repatriate, return to one's country of origin

repente sudden movement; **de repente** suddenly

repetir (i) *n* to repeat, do again

representante *m or f* representative

representar to represent

represión repression

reproducir to reproduce, recreate

república republic

requerir (ie) to require, need

requisito requirement

rescate *m* ransom, ransom money

resentido,-a resentful, offended

reservado,-a reserved, held back

residente *adj m or f* residing

residir to reside

resina resin

resistencia resistence

resistir to resist

resolver (ue) to resolve; to solve

respectivamente respectively

respeto respect

responder to respond, answer

responsabilidad responsibility

responsable responsible

respuesta reply, answer, response

restaurante *m* restaurant

restaurar to restore

resto rest, remainder; *pl* remains

restringir to restrain, restrict

resultado result

resultante *m or f* resulting

resultar to result, turn out

resumir to summarize

retener to retain, hold

retornar to return, come back

reunión meeting, reunion, gathering

reunirse to meet, gather

revelar to reveal, show

revolución revolution; revolt

revolucionario,-a revolutionary

rey *m* king, monarch

rico,-a rich; delicious

riego irrigation

riesgo risk

río river

riqueza riches, richness

ritmo rhythm

rito rite

ritual ritual, ceremony

robar to rob, steal

rodear to surround; to round up

rodeo rodeo, round-up

romanizar to romanize, make like Rome

romano,-a Roman, esp. of ancient Rome

romántico,-a romantic; idealistic

ropa clothing, clothes

rosa rose

rueda wheel

ruido noise

ruidosamente noisily

ruina ruin

rumano,-a Rumanian
ruso,-a Russian
ruta route, way

S

saber to know, know how (to); to find out
sabiduría knowledge, wisdom
sabio,-a wise; wise person
sabor *m* taste, flavor
sacar to take out, remove
sacerdote *m* priest
sacrificar to sacrifice
sacrificio sacrifice
sagrado,-a sacred, holy
saguaro a type of cactus
sajón,-a Saxon
sala room, salon, hall
salario salary
salir to leave, go out, come out
salud *f* health
saludable *m or f* healthy
salvación salvation
salvaje *m or f* wild
salvar to save
san, santo,-a Saint
sanción sanction
sangre *f* blood
santero,-a maker of images of saints
satisfactorio,-a satisfactory
sección section
secretario,-a secretary
secretariado secretariat
secreto *n* secret
secuestrar to kidnap, abduct
secuestro kidnapping, abduction
secundario,-a secondary
sede *f* seat, headquarters
sedentario,-a sedentary, settled
segregación segregation
seguir (i) to follow; to continue, keep on
según according to
segundo,-a second
segundón *m* second son
seguridad security; certainty; con
  seguridad with certainty, surely

seguro,-a sure, safe
selección selection, choice
selva jungle
semana week
semejante *m or f* similar
semejanza similarity
semilla seed
senado senate
sencillo,-a simple
sensual *m or f* sensual, relating to the
  senses
sentido sense, meaning
sentimiento sentiment, feeling, sense
sentir(se) (ie) to feel, feel like
señalar to signal; to mark, stamp
señor Mr.; sir
señora Mrs.; madam
señorío lordship, domain
señorita Miss, young lady
separación separation
separado,-a separate; por
  separado separately
separar to separate
separatismo separatism, secessionism
separatista *m or f* separatist,
  secessionist
sepulcro sepulchre, tomb
sepultura grave, burial place
ser to be; a no ser except; *n m* being,
  human being
serie *f* series
serio,-a serious; tomar en serio to take
  seriously
serpiente *f* serpent
servicio service
servir (i) to serve; servir (de) to serve as
severo,-a severe, harsh
sexo sex
sexto,-a sixth
sicología psychology
sicológico,-a psychological
sicólogo,-a psychologist
siempre always, ever
sierra mountain range
siesta nap, mid-day rest
siglo century, age
significado meaning
significar to mean, signify

siguiente *m or f* following, next
silencio silence
simbólico,-a symbolic
simbolismo symbolism
simbolizar to symbolize
símbolo symbol
simpatía support, fellowship
simpático,-a congenial, likeable
simple simple; mere; silly
sin without; **sin embargo** however, nevertheless
sinceramente sincerely
sindical *m or f* relating to a union
sindicato labor union
sino but, but rather, but also, except
sinónimo synonym
sintetizar synthesize, summarize
sistema *m* system
sitio site, place
situación situation
situar to situate, locate
soberanía sovereignty
sobre over, on, above; about; towards; **sobre todo** above all
sobrenatural *adj m or f* supernatural
sobresaliente *m or f* excellent, outstanding
sobresalir to excel
sobrevivencia survival
sobrevivir to survive
sobrino,-a nephew, niece
sociedad society
sociólogo,-a sociologist
sol *m* sun
solamente only
solar *m or f* solar, of or relating to the sun
soldado soldier
soleado,-a sun-drenched
soledad solitude, loneliness
solemne solemn, holy
soler (ue) to be in the habit of, used to, accustomed to
solidaridad solidarity
solitario,-a solitary, lonely
solo,-a alone; only, sole; **sólo** only
solución solution
someterse to submit oneself

soneto sonnet
sonido sound
soñar (ue) to dream
sor *relig* sister
sorprender to surprise
sorpresa surprise
sosiego tranquility, quietness
sospecha suspicion
sostener to sustain
soviético,-a Soviet
suavidades lullabies
subcultura sub-culture
súbdito,-a subject (as of a king)
subir to rise; to go up; to raise
subsuelo subsoil
subterráneo,-a subterranean, underground
suburbano,-a suburban
suegro,-a father-in-law, mother-in-law
sueldo salary, wages
suelo soil, ground, earth
sueño dream
suerte *f* luck, fortune
suficiente *m or f* sufficient, enough
sufrimiento suffering
sufrir to suffer; to undergo
sugerir (ie) to suggest
suicidarse to commit suicide
suicidio suicide
suma sum, total; **en suma** in short, summary; **de suma importancia** very important
sumar to add, total
superar to surpass
superior *m or f* superior, higher
superstición superstition
supresión suppression
suprimir to suppress
sur *m* south
sureño southern
sureste *m* southeast
surgir to break out, come forth
suroeste *m* southwest
suspender to suspend; to discontinue
suspensión suspension, interruption
sustantivo substantive; noun
sustento sustenance
sustituir to substitute

T

tabaco tobacco
tabú *m* taboo
taco *Mexico* type of sandwich made with a tortilla
táctica tactics, policy, way of operating
tal such, so, as; **tal vez** perhaps; **un (el) tal** a certain
talento talent
tamaño size
también also, in addition, too
tampoco either, neither
tan so, as
tango dance which originated in Argentina, tango
tanto,-a so much, as much; *pl* so many, as many
tardar to delay, be late, take a long time
tarde *f* afternoon; *adv* late; **más tarde** later
tardío,-a late
tarea task; homework
tasa rate
teatro theater
técnica technique
técnico,-a technical
tecnología technology
tecnológico,-a technological
techo roof; ceiling
teja tile (of clay)
tejido woven cloth, textile
tema *m* theme
temblor *m* earthquake, tremor
temer to fear, be afraid
temor *m* fear
templo temple
temprano,-a early; **temprano** *adv* early, early on
tendencia tendency
tender to tend to, have a tendency toward
tener to have, possess, hold; **tener que** to have to
tensión tension, strain
tentativa attempt, try
tenue *m or f* tenuous, delicate, subtle
teología theology

teoría theory
teórico,-a theoretical
teorista *m or f* theorist
teorizar theorize
tercer, tercero,-a third
tercio one-third
terminar to end, terminate, finish
término term
terminología terminology
terrenal *m or f* earthly
terreno parcel of land, terrain
terrible *m or f* terrible
territorio territory, region
tesoro treasure
texano,-a Texan
texto text
tiempo time; weather
tienda store, shop
tierra earth, land
tío,-a uncle, aunt
típico,-a typical, traditional
tipo type, kind, sort
tiránico,-a tyrannical
tiro shot, bullet
título title; degree
todavía still, yet
todo,-a all, everything; *pl* everyone; all of; **del todo** completely; **todo el mundo** everyone, everybody; **todo un (el)** a (the) complete, a (the) whole; **de todos modos** anyway
tolerable *m or f* tolerable, bearable
tolerancia tolerance
tolerante *m or f* tolerant, forgiving
tolerar to tolerate, allow
tomar to take; to drink
tono tone
toponímico place name, toponymic
torear to fight a bull
torero,-a bullfighter
tormento torment, anguish
toro bull
torre *f* tower
totalitario,-a totalitarian
trabajador,-a worker
trabajar to work
trabajo work, job
tradición tradition

traducción   translation
traducir   to translate
traer   to bring, carry
tragedia   tragedy
trágico,-a   tragic
tramar   to design, devise (a plot)
transformar   to transform, change
transitorio,-a   transitory, temporary
transmitir   to transmit, relay
transporte *m*   transport, transportation
trascender   to transcend, surpass
trasladar   to transfer
traslado   transfer, removal
tratado   treaty, treatise, tract
tratamiento   treatment
tratar   to treat; to try
través: a través   across, through
trazar   to trace, draw
tremendo,-a   tremendous, huge
tren *m*   train
tribu *f*   tribe
tribunal   jury; panel
triste *m or f*   sad
tristeza   sadness
triunfante *m or f*   triumphant
triunfar   to triumph, win
triunfo   triumph
trono   throne
tropical *m or f*   tropical
tumba   tomb, grave
tumulto   tumult, riot
Tupamaros   Uruguayan guerrilla band
turístico,-a   of or relating to tourism

U

ubicuo,-a   ubiquitous
último,-a   last, ultimate; **por último**   finally
ultratumba   from beyond the grave, the afterlife
único,-a   only, unique
unidad   unity; unit
unido,-a   united; **Estados Unidos**   United States
unión   union; combination
unir   to unite

unitario,-a   unitarian; *Amer*   one who favors a strong central government
universalidad   universality
universidad   university
universitario,-a   of or relating to the university
universo   universe
urbanización   urbanization
urbanizar   to urbanize, group in cities
urbano,-a   urban, living in cities
urgente *m or f*   urgent
usar   to use
uso   use; **hacer uso de**   to make use of
utensilio   utensil, tool
útil *m or f*   useful
utilidad   utility, usefulness
utilitarismo   utilitarianism
utilizar   to utilize, use

V

vaca   cow
vacuno: ganado vacuno   beef cattle
vagar   to wander
validez *f*   validity
válido,-a   valid
valiente   valiant, brave
valioso,-a   valuable
valor *m*   value; bravery, valor
valorar   to value, place a value on, appraise
valle *m*   valley
vanguardia   vanguard, advance guard, leaders of a movement
vaquero,-a   cowboy, cowgirl
vara   rod, line (in writing)
variar   to vary, mix
varios,-a   various, several, some, a few
variedad   variety
vaso   glass, cup
vasto,-a   vast, extensive
vecino,-a   neighbor
vela   candle
velorio   wake, vigil
vencer   to defeat, win
vendedor,-a   seller, salesperson
vender   to sell

veneración honor, veneration
venganza revenge
vengarse to take revenge
venir to come
venta sale
ventaja advantage
ventana window
ver to see; *refl* to find oneself, to be
verbo verb
verdad truth
verdadero,-a true, real
verificar to verify, confirm
verso line of verse, verse
verter to pour into, vest
vestido,-a dressed, clad
vez *f* time; turn; **en vez de** instead of;
  tal vez perhaps; **a su vez** in its turn
vía way; **por vía** by means, in a manner
viajar to travel
viaje *m* trip
viajero,-a traveller
vicepresidente,-a vice president
victoria victory
victorioso,-a victorious
vida life; **en vida** while living
viejo,-a old, elderly
viento wind
viga wooden beam
vigesimal based on the number twenty
vigésimo,-a twentieth
vigilante vigilante, citizen police
vigilia vigil
violencia violence

violento,-a violent
virreinato viceroyalty
virrey *m* viceroy
visigodo,-a Visigoth
visitante *m or f* visitor
visitar to visit
vista view; **punto de vista** point of view
vital vital; **promedio vital** life
  expectancy
vitalidad vitality
viudo,-a widower, widow
vivienda dwelling, housing
viviente living, alive
vivir to live, dwell
vivo,-a alive
voluntario,-a voluntary; volunteer
voluntarioso,-a willful, arbitrary
volver (ue) to return
votivo,-a votive; offered by a vow
vuelta return; **ida y vuelta** round trip
vulgar common, low, vulgar

Y

yarda *meas* yard; *dialect* lawn
yendo *pres part of* **ir**

Z

zanahoria carrot
zona zone, area of a city